北京理工大学学科（专业）发展史丛书

精工重器

北京理工大学机械制造学科（专业）发展史

《北京理工大学学科（专业）发展史丛书》编委会 编

北京理工大学出版社
BEIJING INSTITUTE OF TECHNOLOGY PRESS

图书在版编目（CIP）数据

精工重器：北京理工大学机械制造学科（专业）发展史 /《北京理工大学学科（专业）发展史丛书》编委会编 . —北京：北京理工大学出版社，2020.7

ISBN 978-7-5682-8775-3

Ⅰ . ①精…　Ⅱ . ①北…　Ⅲ . ①高等学校 – 机械制造 – 学科发展 – 历史 – 北京　Ⅳ . ① TH

中国版本图书馆 CIP 数据核字（2020）第 133143 号

出版发行 / 北京理工大学出版社有限责任公司
社　　址 / 北京市海淀区中关村南大街 5 号
邮　　编 / 100081
电　　话 /（010）68914775（总编室）
　　　　　（010）82562903（教材售后服务热线）
　　　　　（010）68948351（其他图书服务热线）
网　　址 / http://www.bitpress.com.cn
经　　销 / 全国各地新华书店
印　　刷 / 保定市中画美凯印刷有限公司
开　　本 / 710 毫米 ×1000 毫米　1/16
印　　张 / 15
字　　数 / 215 千字
版　　次 / 2020 年 7 月第 1 版　2020 年 7 月第 1 次印刷
定　　价 / 49.00 元

出 版 人 / 丛　磊
责任编辑 / 申玉琴
文案编辑 / 申玉琴
责任校对 / 周瑞红
责任印制 / 王美丽

北京理工大学学科（专业）发展史
丛书编委会

精工重器

——北京理工大学机械制造学科（专业）发展史

编委会

丛书序
Foreword

庚子仲秋，丹桂馨香。2020年9月，北京理工大学迎来建校80周年。作为中国共产党创办的第一所理工科大学、新中国第一所国防工业院校，学校自延安创校以来，始终传承“延安根、军工魂”红色基因，坚守初心、报国图强，砥砺求索、薪火相传，以扎根中国大地建设世界一流大学的实际行动，在中国共产党创办和领导新型高等教育的征程中留下了厚重的、值得纪念的足迹。

时至今日，北京理工大学已成为一所“地信天”融合、工理管文多学科协调发展的高水平研究型大学。经过“985工程”“211工程”和“双一流”建设，特别是经过近五年的发展，学校主要办学指标位居国内高水平研究型大学前列，若干学科跻身世界一流行列，建设世界一流大学的基本格局初步形成。学校构建了优势工科引领带动、特色理科融合推动、精品文科辅助联动、前沿交叉创新互动的学科布局，以学科建设为龙头有效带动了教育事业内涵发展、特色发展、高质量发展。一流学科的发展建设，不是一日之功，更不能一蹴而就。底蕴深厚的背后，离不开一代代北理工人的精耕细作，正是前人的积累沉淀奠定了今天一流学科建设的坚实基础。开展学科专业发展史研究学习，传承前人的宝贵经验，弘扬北理工独特的精神气质和文化内涵，对更好地推进一流大学和一流学科建设有十分重要的意义。

建设一流大学，培养一流人才，必须要有一流大学文化作为支撑。校史研究是一流大学文化建设的一条重要工作主线，而学科专业发展史正是校史的重要组成部分，对其进行挖掘整理更具紧迫性。2018年，学校全面启动学科专业史研究和编写工作。历时两年，相关学院、学科广泛搜集整理资料，创新工作机制，在80周年校庆之际推出《时空航宇——北京理工大学航空宇航科学与技术学科（专业）发展史》《力学笃行——北京理工大学力学学科（专业）发展史》《兵之利器——北京理工大学机电学院学科（专业）发展史》《精工重器——北京理工大学机械制造学科（专业）发展史》《信系寰宇——北京理工大学信息与电子学院学科（专业）发展史》《经管征程——北京理工大学管理与经济学院学科（专业）发展史》《理公明法——北京理工大学法学学科（专业）发展史》等7册学科专业发展史系列丛书。这批全新的研究成果，立足对相关学科专业办学情况的总结整理，形成史料的新时代表达，不仅展现了学校的办学实力与特点，也为一流学科、一流专业的高质量发展提供了有力支撑。

衷心感谢参与本次学科专业发展史系列丛书编写的干部、教师辛勤的付出和艰苦的努力，在建校80周年之际，为学校留下了这批承载着北京理工大学精神的宝贵文化财富。新时代、新使命、新征程，这些珍贵学科专业发展史，必将激励全体北理工人接续奋进、继往开来，传承传统、开拓创新，为建设中国特色世界一流大学而努力奋斗！

赵长禄

2020年9月

Preface 前言

机械制造专业作为我校最早设立的专业之一，历经70多年的发展，在几代专业建设者的共同努力下，形成了优良的传统和鲜明的特色，为国家、社会、学校的发展做出了重要贡献。

为了建立我校机械制造专业比较翔实、完整的档案，全面回顾专业起源、发展、壮大的历程，推动今后专业建设各项工作的顺利开展，在机械与车辆学院领导的大力支持下，成立了编委会，搜集资料，组织编写。

在专业史的编写过程中，得到机械制造专业许多退休教师的大力协助，学院干事王燕平老师积极联络了退休老教师，同时校友会余海滨老师和学院研究生干事李雅茹老师及时提供了毕业学生名单，鲍衍地、石学海、项瑞乐、鲁陈立、巩浩、叶剑辉和吴宏超等研究生也参与了材料的整理工作。另外，在专业史的出版过程中，得到北京理工大学党委宣传部的大力支持。在此，谨向给编写工作提供帮助的有关部门和所有同志，表示崇高的敬意和衷心的感谢。

由于时间仓促，本书还存在遗漏及错误之处，敬请大家理解、见谅，并予以批评指正。

目录 Contents

一、专业奠基阶段（1940—1949年）

北京理工大学前身是于炮火纷飞的年代在延安建立的自然科学院。1939 年，为促进陕甘宁边区工业生产和保证抗战胜利，经中共中央决定在延安创办了自然科学研究院，1940 年春改为延安自然科学院，1943 年并入延安大学作为其中一个学院。学科调整以后设立了机械工程系，同时建立炼铁厂、机器厂等供机械工程系学生实习。机械工程系的建立，解决了炼铁、造纸、玻璃及医疗器械制造方面的技术问题，为抗日战争和解放战争做出了重要贡献。

1946 年 1 月，延安大学自然科学院改名为晋察冀边区工业专门学校，辗转华北办学。1946 年 4 月，根据发展的需要，北方大学工学院在晋冀鲁边区成立。1948 年 8 月，晋察冀边区工业专门学校与北方大学工学院合并，成立华北大学工学院，机械工程系成为华北大学工学院的一部分。

二、专业初始阶段

（1949—1954年）

1949 年 8 月，华北大学工学院迁入北京。1949 年 10 月，百废待兴，国民经济建设需要优先发展重工业，而重工业的重要部分则是机械工业。当时学校设立了机械系、电机系、汽车系、化学系、冶金系、采矿系和航空系七个系，各系都配备了专业的师资队伍，学生招生数量迅速扩大。

1949—1954 年，机械制造专业雏形基本确立。

在这一阶段，机械系开始采用考试录取学生，招收了两届本科学生（四年制）和多届专修课（两年制）学生。

该阶段的教育情况和特点如下：

（1）培养目标：培养重工业发展所需高级技术干部。

（2）课程设置：开设了多门设计类和制造类课程。

① 制造方面主要课程有：机器制造中的铸造、锻造、焊接工艺，切削加工的理论与设备，加工工艺过程，工具设计与技术管理等。

② 设计方面主要课程有：以工作母机（工具机）的设计为重点的设计类课程，还包括铸造、锻造、热处理等设备的设计。

（3）实验工厂与实习基地的建立：重工业部将设有百余部工具机的北京机器总厂第一分厂拨给学校，作为机械系的实习工厂，同时从苏联、捷克和德国分别订购了一批精密测定仪表和高级工具机。

（4）师资队伍：建立了涵盖专业基础课和专业课的师资队伍。

外语、力学等有关基础课程的教学由原中法大学的相关教研组负责，师资力量雄厚。专业课程教学组称为机器专业组，下设原件设计、制造技术、制图三个教研组与热工学课程组。有教授、副教授、讲师和助教等 30 余人，教师由学校招聘和国家分配而来。其中具有高级职称的教师有：① 原件设计教研组：李维临、于道文；② 制造技术教研组：林汉藩、韩本真、王政辅、陈治勋、陈肖南（副教授）；③ 制图教研组：邓开举、程干云、王文澜（副教授）；④ 热工学课程组：肖达人、谢焕章（副教授）。

讲授机械制造工艺方面课程的是林汉藩教授与陈肖南副教授。

① 林汉藩教授，1937 年毕业于武汉大学机械工程系，在 1944

年前，历任武汉大学、国立中央工校讲师，江北机器厂厂长等职。后来考取公费留学美国，在亚高斯－卡姆制造公司和西屋公司实习。1946 年回国后任武汉大学副教授，湖南大学教授及机械工程系系主任。1951 年 7 月被聘请到华北大学工学院工作。

② 陈肖南副教授，1943 年毕业于中央大学机械系，1949 年获美国普渡大学理学硕士学位。1951 年 7 月返回祖国，到华北大学工学院工作后被聘为副教授。

讲授机械设计方面课程的有李维临教授与于道文教授。

① 李维临教授，1911 年生于河北保定，1929 年以第一名成绩考入北洋大学，毕业后曾在工业企业从事设计工作。1949 年回北洋大学任教，成为该校最年轻和最受学生欢迎的教授之一。1950 年经华北大学工学院孙确基教授推荐应聘到华北大学工学院，华北大学工学院为其颁发了聘书（图 1）。来京工作时，北洋大学师生还赠送了锦旗给他（图 2）。

② 于道文教授，机器专业组组长，建设机械制造专业的主要负责人。1936 年毕业于北平中法大学物理系，后被保送至法国，先后获得法国里昂大学、中央理工学院理学硕士学位，工艺制造工程师国家证书。1945 年回国，1949 年 8 月受聘于华北大学工学院。

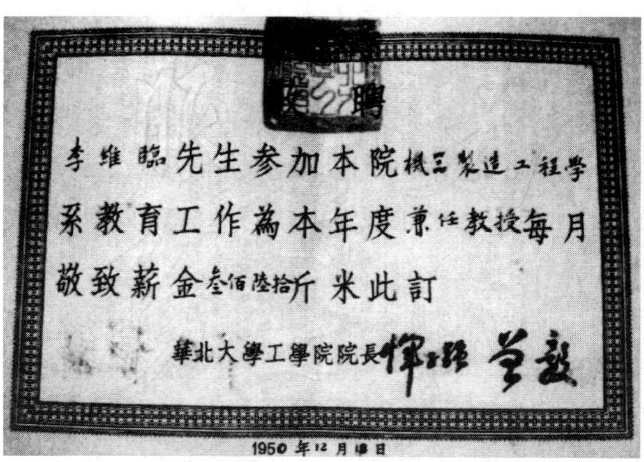

聘

李维臨先生參加本院機三製造工程學系教育工作為本年度兼任教授每月敬致薪金叁佰陸拾斤米此訂

華北大學工學院院長

1950 年 12 月 18 日

图 1　华北大学工学院为李维临教授颁发的聘书

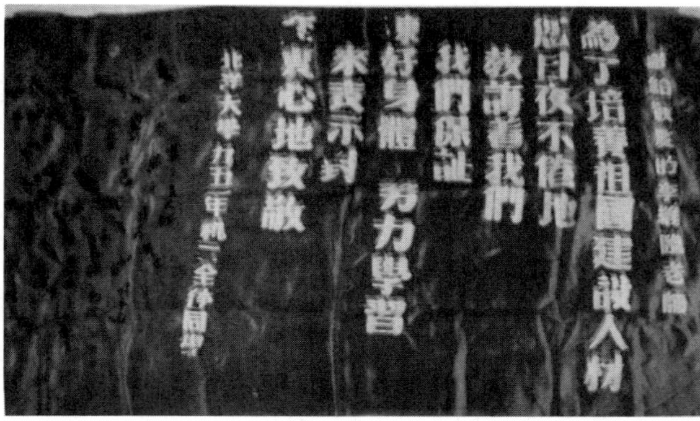

图 2　北洋大学赠送给李维临教授的锦旗

（5）教材：办学初期，所有课程都由教师编写出中文讲义，油印后讲课前发给学生。

（6）教学方法：强调教书育人，特别强调理论联系实际。采用苏联经验，把口试和课堂讨论的方法应用到工程理论教学中。

（7）学生情况：

① 本科生情况。1949 年入学 13 人（调干生），1950 年入学近 40 人（考试入学），这两届学生是四年制，分别在 1953 年和 1954 年毕业。1951 年，华北大学工学院成为高中毕业生报考大学向往的学校，这是因为学校自解放区来，有光荣的革命传统，学生实行供给制，吃穿不用愁。更重要的是学校聘请了不少知名教授，教学质量高，而且学生毕业后在军工战线工作，有前途。有一位学生在回忆时写道，他填报考学校的志愿时，第一是华北大学工学院，第二是华北大学工学院，最后还是华北大学工学院。根据相关校史记载：“1951 年度华北大学工学院的新生录取成绩位列全国首位。”

② 专修科学生情况。1951 年，中央重工业部刘鼎副部长曾说：“技术人员不够是重工业建设的一个大困难，只办大学还满足不了这个紧迫的需求，还要大量开办专修科来补上这个历史的缺口。”根据国家需要，机械制造专业举办了金工、设计、制图、冶金机械专修班。毕业生超过百人。

1952 年，学校更名为北京工业学院，成为新中国第一所国防工业院校。1953年，全校进行院系调整，冶金系被抽调参与组建北京钢铁学院（现北京科技大学），采矿系及专修科被抽调参与组建中南矿冶学院（现中南大学），航空系被单独组建成北京航空学院（现北京航空航天大学），化学和机械系得到保留，同时将专业细化，机械系开设了拖拉机专业、轴承专业等，开设不久又整合。1954年，韩锡勋老师由机械工程系调到新成立的仪器系，负责仪器专业的筹建工作，并担任仪器零件加工制造专业教研室副主任，直到1962年学校专门成立了机械制造系（7系），韩锡勋老师调任7系机械制造教研室副主任。

三、专业建设时期（1954—1966年）

1954 年，专业进入建设期。这一阶段的特点是全面学习苏联，机械工程由通用学科向兵工方向转化，并且进一步向火箭系统发展。

当时全校被分为六个系，包括武器，弹药，坦克和车辆，仪器、指挥仪，雷达，火炸药。

从 1954 年起苏联开始全面援助中国，北京工业学院是接受援助的高校之一。

在苏联专家帮助下，机械制造专业建立了实验室，当时的实验设备基本上由德国进口，有万能工具铣床、无心磨床、高精度车床、外圆磨床和两个普通车床。毕业于西南联大的严沛然教授，精通几门外语，当时实验室购入的所有仪器都是由他沟通协商置办。

无论实验设备还是教学，在当时实验室都处于全国领先水平。由于设备齐全，学生数量不多，学生的实验训练很丰富，设备利用率很高。

1954 年，机器专业组的教学人员一分为二，另有东北兵工专业学校的师生加入，成立了第一（武器）机械系和第二（弹药）机械系。第一机械系的火炮设计与制造专业以林汉藩教授为首，自动武器设计与制造专业以于道文教授为首；第二机械系的炮弹设计与制造专业以王文澜副教授为首，引信设计与制造专业以李维临教授为首。坦克专业与发动机专业则成为第三机械系。

机械类专业开设了金属工艺学与金属切削原理及刀具课程。院内有大型实习工厂，可以满足学生进行铸、锻、焊以及机械加工工艺操作实习的需要。这样的专业设置是按产品对象划分的专业，专业的对象面窄。为了使学生适应毕业后的工作，增加了基础理论学习。按照苏联的模式，学制为五年。学生要学习产品结构原理、产品设计与专门工艺、内外弹道学以及兵工机械的专业知识。

后又陆续成立了公差及技术测量实验室、机械加工实验室、精密加工和检测实验室、金属切削原理和刀具实验室等，充分保障了教学科研水平。

公差及技术测量实验室主要由韩本真教授、严沛然教授和韩锡勋助教等负责。实验室设在1号教学楼一层，面积为50平方米，并建有恒温室。购置的仪器设备主要有立式测长仪、卧式测长仪、双管显微镜、圆盘刻度检测仪，以及高精度测量块规等，测量精度均为1微米级。实验室主要服务于课程及检测技术测量实验项目。

1956年，根据仪器制造工艺学教学课程需求，由韩锡勋负责筹备成立了机械加工实验室。韩锡勋和有关助教们在严沛然教授协助下，从德国进口了当时最先进的设备，包括高精度普通车床、高精度六角车床、高精度万能工具铣床、无心磨床、凸轮控制式自动车床（带装有6把刀具的刀库）、立式铣床等十多台机床设备。这些设备保证了不同加工对象的加工精度及表面质量，并且通过检测同批零件的尺寸及零件质量的变化给出分布曲线，应用统计学理论找出其误差原因，提高了零件一致性和零件加工精度的方法，将切削原理、刀具、机械制造工艺学各学科有机结合在一起。

1957—1958年，根据精密仪器加工特殊要求，在机械加工实验室基础上筹建了精密加工和检测实验室，地点在4号楼一层。实验设备有高精度立式坐标镗床1台、高精度长度刻度机1台、高精度圆刻度机1台、刻字机等设备，并配有相应精度检测仪器的专用直线、圆盘刻度检测仪等检测设备。该实验室主要任务是加工制造实验设备和科研样品，组织学生参观实习。负责实验室使用操作维护的是张建勋。

1956年，于启勋教授、杨广勇副教授等建立了金属切削原理和刀具实验室。在难加工材料切削加工、高速切削理论及刀具等方面取得了丰硕成果，多次受到上级奖励。另外，于启勋参研“群钻”，成果累累。

在第一个五年计划时期，为响应“向科学进军”的伟大号召，于启勋，被组织上委派到北京永定机械厂讲课，受到工人师傅的热烈欢迎。永定机械厂团委书记翟泰丰向于启勋推荐了倪志福发明的新钻头。倪志福钻头是生产实践的产物，为了证明倪志福钻头具有科学性、先进性、独创性、新颖性。于启勋和倪志福进行了刀具切削力、刀具寿命、刀具磨损、钻孔加工精度、钻孔表面质量、分屑排屑、金相分析和钻头几何角度分析等试验，取得大量数据，最后进行了理论概括。倪志福在钻头技术推广交流活动中，不断吸收兄弟厂同行在加工不锈钢、铜、铝、非金属材料上所用钻头的长处，对自己钻头的几何角度、切削力、刀具磨损、耐用性和加工表面质量深入研究，创制出一批新的钻型，形成了倪志福钻头新系列。在此基础上，倪志福、于启勋、周淑英、王育民共同参与，由于启勋执笔写出了《倪志福钻头》一书，1963 年在国防工业出版社出版。该书将在生产实践中诞生的倪志福钻头作了理论上的概括和提高，并将其推向社会。1963 年，北京机械工程学会召开年会，同年秋，中国机械工程学会机械加工专业年会又在沈阳召开。这两个年会都邀请了倪志福和于启勋出席。1964 年 8 月，有亚洲、非洲、拉丁美洲、大洋洲众多学者参加的北京（国际）科学讨论会召开，中国选送的机械学科论文只有万吨水压机立柱电渣焊技术和倪志福钻头两项。

1973 年，五机部和科影合作，由于启勋担任顾问，拍摄了电影《群钻》，在全国放映。从 1974 年 10 月开始，历时 6 年，一部 115.7 万字上、中、下三册的《金属切削理论与实践》出版，于启勋教授参加了编写工作，并任该书的主编之一。1989 年，第四届国际金属切削、特种加工及机械加工自动化学术会议在北京理工大学召开。于启勋教授为中方主席，倪志福作为贵宾应邀出席了开幕式，并致贺词。在这个有来自十几个国家和地区的 40 位外国学者和 100 余名中国学者参加的盛大学术会议上，倪志福再次与于启勋、陈璧光、周淑英、王育民合作，撰写和发表了《群钻的研究与发展》《群钻的数学模型》两篇有分量的论文。国内外许多知名学者认为“群钻”以及对它的分析均达到国际先进水平。

1956 年前后，在苏联专家指导下，各专业相继制订了专业教学计划、教学大纲和实验项目，筹建了陈列室和实验室，制定了认识实习、生产实习和毕业实习大纲，编写了专业教材和课程设计、毕业设计指导书，开展了毕业设计答辩工作。有的专家还授课，培养研究生

（图 3、图 4）。例如，引信专业的专家库里科夫（来自列宁格勒[1]军事机械学院）在校两年间为专业做了大量工作：他先给教师讲授“产品的设计和装配工艺”，完成对教师的培训，还亲自到专业工厂指导实习，把工厂的技术革新课题作为学生毕业设计题目，参加学生毕业设计指导。他指导学生在山西长治惠丰机器厂实习时，把厂里的技改项目作为学生毕业设计课题。例如，他指导的“某产品零件的本体与套管零件加工节约原材料研究”课题，学生在设计中将两个零件合并加工，大量节省了贵重的铝合金原材料，获得了工厂的奖励。

图 3　苏联专家与教师讨论产品装配工艺

图 4　苏联专家参加学生的毕业答辩

① 列宁格勒：今为圣彼得堡。

1958—1961 年，上级领导决定将常规武器专业调至太原机械学院，北京工业学院原来的武器专业改成火箭导弹专业。由于这一类产品更复杂，技术水平更高，设计方面的知识要大大加强，因此在教学计划中增加了相应设计课程，工艺课程相应削弱。

作为一种新武器的生产需求，仍是围绕设计与制造两个方面培养人才。为了改变一段时间出现的重设计轻制造的状态，加强工艺方面能力的培养，提高教师水平，1961 年后对专业组进行了调整。在 1960—1961 年间，将第一机械系和第二机械系五个专业［第二机械系后来增加了 15（药筒）专业］的工艺教师集中，成立了 103 教研组（常规武器工艺教研组），主要教授引信、弹体制造知识。也就是从事不同武器产品的工艺教师工作在同一个教研组，便于切磋专业，提高教学质量。

在这一年中，经过充分讨论研究，集体编写出了《武器弹药制造工艺学基础理论》，为各个专业所通用，而各个专业分别编写本专业部分教材。这些教材 1961 年由北京科学教育出版社出版。

在常规武器专业调离学校后撤销了 103 教研组，在 1961—1962 年又成立了 141 教研室（火箭系统工艺教研室），主要教授火箭系统制造知识。这时学校火箭系统类专业有战斗部、弹体、发动机、控制系统、发射机等。除发动机和控制系统外，其余专业的工艺教师都集中到 141 教研室，筹建火箭弹体工艺专业。而发动机和控制系统的工艺教师则以三系王延生为首筹建火箭发动机制造专业。

141 教研室有 19 名教师。组长：马永怀；副组长：胡永生、陈永胜；成员：丁南昌、李磐、王宝瑞、齐松存、宋国永、庞爱芳、刘善余、包冀生、黄俊岳、潘植田、王秀兰、赵鸿德、崔金泰、陈伟林、刘惠林、姚赞休；实验员：王振中、于树森、董桂芳、王兴然、隋学有。

141 教研室成立后，仍是为火箭系统专业开设专业工艺课。教研室组织编写了《火箭系统工艺学》。该教材于 1963 年 1 月在北京工业学院出版。

弹体工艺专业的筹建并不是一帆风顺，教师们通过调研，发现弹体作为制造工艺的对象不具有典型性，且当时保密制度很严，学生学习有困难。另外经调研，以及征询学校隶属部门国防科学技术委员会的意见，发现国防产品生产中制造工艺的难点在于精密加工工艺，需要大量这方面的人才。因此弹体工艺专业下马，确定建立精密工艺专业。

有关仪器制造和光学零件加工的教学计划和课程基本由苏联专家提供。由天津大学、哈尔滨工业大学、南京航空航天大学、北京工业学院编写的《精密仪器学》，是国内首套关于精密仪器的书籍。

为加强工艺研究，1960 年开始，学校又成立了工艺研究所，林汉藩为副所长，开展火箭科研项目的工艺研究和审查工作。

1962—1966 年，为机械制造专业稳定发展时期。1962 年，学校成立了 7 系，系主任为林汉藩，副主任为王鸿志。7 系下设三个教研室。

711 教研室——陀螺仪表专业，室主任为陈峯裕。

721 教研室——液压气动传动装置专业，室主任为杨方正、曹泛。

731 教研室——制造工艺专业，专业全称为“精密仪器与精密机械制造工艺”。室主任为胡永生、韩锡勋、严圣武、王信义。

当时 73 专业即制造工艺专业的主攻方向为精密加工工艺。在火箭系统、航空系统中最精密的仪器是陀螺仪表，最精密的机械则是舵机部分，也就是液压或气动传动装置。因此 73 专业的研究方向定位为陀螺仪与舵机两种典型产品的精密加工工艺。

731 教研室的成员有来自工艺研究所的林汉藩、丁南昌、王中正、宋丽娴等，2 系（1960 年以后成立的新系）的工艺教师王信义、林国重、盛东初、金泰义、郭富，4 系的工艺教师韩锡勋、杨实诚、严圣武、张启华、于春径，以及其他单位的胡永生、王润田、陆士毅等。

这一时期师资力量不断得到补充，如从北京航空学院分配来任玉田、韩广荣，从哈工大分配来许忠明、周琴华、宁汝新和刘秋生，从北京钢铁学院分配来计志孝，还有北京工业学院留校的毕业生，如金泰义、王志博、张建民、徐弘山等。优秀年轻教师被派至北航、哈工大进修，以提高其专业能力。

731 教研室成立之初，急需要一本仪器类专业的工艺教材。因此由胡永生、严圣武、韩锡勋、王信义合编了《精密仪器制造工艺学（设计专业用）》上、下册，1964 年由北京工业学院印制。

1963 年，国防科委领导的六个院校在哈尔滨工业大学召开工艺专业的教材工作会议。在会上，确定了工艺专业的统一名称为“精密仪器工艺”，确定该专业的主要专业课是“精密仪器制造工艺学”，其教材由北京工业学院胡永生、西北工业大学黄中男、北京航空学院唐梓荣三人编写，胡永生为主编，哈尔滨工业大学侯镇冰教授为主审。北京工业学院编写的《精密仪器制造工艺学》上册 1964 年 5 月由校工厂油印，作为 73611 班上课试用教材。

73611 班为精密仪器工艺专业的第一个班，为五年制。教研室给这一班学生开设了制造工艺、机床设计、液压传动、特种工艺（电加工）等课程，安排了工艺、机床的实验，在陀螺仪表厂完成了生产实习、毕业设计。当时的毕业设计主要是由学生设计机械装置对工件表面进行精加工，并初步完成试验。1962 年和 1963 年只招收了一个班，因国家紧缺工艺人才，1964 年招收了 2 个班，1965 年招了 4 个班。

1964 年，林汉藩招收了一名研究生，研究液压精密零件的配合工艺，开始了研究试验。1965 年，胡永生招收一名研究生，后因“文化大革命”而中断学习。

四、『特殊时期』的发展

（1966—1976年）

1966—1976 年，专业发展大致可以分为两个阶段。第一阶段（1966—1970 年），学校一度处于停课状态，没有新生入学，在校的只有“文化大革命”前（1961—1965 年）入学的学生。课程大量压缩合并，师生“以学为主，兼学别样”，即走出校门去学工、学农、学军。第二阶段（1971—1976 年），从 1972 年开始招收学制为三年的工农兵学员，积极“开门办学”。

1. 第一阶段（1966—1970 年）

（1）走出校门，向工农兵学习。

“文化大革命”初期，师生们“走出校门，向工农兵学习”，接受一年以上时间的劳动再教育。大多数教师在首钢，深入班组参加劳动，也有部分教师在专业厂和校工厂劳动。教师们深深理解工厂实践中学习的重要性，认真把握机会，理论结合实际地进行经验积累，学以致用。

（2）组织现场教学。

1968 年，机械制造专业在校的本科生共有 7 个班（1962 级和 1963 级各 1 个班，1964 级 2 个班，1965 级 3 个班）。教师带领学生进驻相应的机械制造厂，与学生同吃、同住、同劳动，同时由教师或工厂技术人员为学生进行现场教学。如王宏甫、吕秉德、严圣武、徐弘山、杨实诚、姚振远等分别带领 73651 班学生在校办工厂和西安 872 厂劳动学习，林国重带领 1964 级的 2 位学生住在北京起重机厂，王志博老师带一名学生（翟建国）进驻青云仪器厂（232 厂）装配车间，胡永生带学生进驻北京仪器厂，于启勋进驻首都钢铁厂等。这段时间涉及的专业基础侧重于切削原理、切削机床、公差与配合、机械设计、液压传动、机械制造工艺及夹具设计等。

许多教师亲自参加了工厂的技术改革项目，积累了实践经验，提高了业务水平，收集了教学案例。例如，王志博、韩广荣和热处理专业的陈书旺，在太原指挥仪厂（785 厂）蹲点几个月，发现齿轮主孔精加工的螺旋拉刀经常折断，严重影响生产，经研究开发设计了一种

“浮动夹头”取代原来的刚性夹头，解决了“精拉孔”工序的一个大难题。为了收集典型案例，张启华、盛东初等进驻工厂短期调研；为了支持基础课教学，张炬、熊大国、陈笑琴、周惠定等深入现场调研。

教师们的现场劳动及实践教学积累了大量经验和资料，为后期的教材编写奠定了基础。如胡永生老师 1970 年 6—11 月在北京仪器厂当了半年铣工，并为工人现场讲课，根据需求编写了教材《夹具设计》，并由北京仪器厂工人学校印刷（1973 年）。

2. 第二阶段（1971—1976 年）

（1）实践“教育与生产劳动相结合”的教学指导思想。

在“文化大革命”后期，准备恢复招生，对高等学校如何办学问题展开了社会大讨论，最突出的办学思想是“教育与生产劳动相结合”。机械制造专业有条件、有能力实施“教育与生产劳动相结合”办学方针，工农兵学员（1972 级至 1976 级）的教学过程就是在这一教学思想指导下进行的改革尝试。

（2）适应性专业教学。

① 到工厂开门办学。

1972 年，机械制造专业招收第一批工农兵学员，共 4 个班（73721—73724），学制为三年。1973 级、1974 级、1975 级及 1976 级分别招收 2 个班，学制也是三年。学生先在学校集中学习基础课，然后由教师带领到工厂“开门办学”，根据工厂实际需要参加劳动（表 1）。教师经常是晚上备课，白天上课，做到“学生缺什么知识就补什么课”的适应性教学。

“开门办学”期间，教师和学生参加工厂的技术革新工作。例如，机床组虞季文、工艺组王志博、机械零件组彭荣济等教师指导 73722 全班同学到二里沟汽车厂开门办学，其中一组学生（张之敬、宋光威、周紫光等）圆满地完成了“BJ130 大樑钻孔大型组合机床”的全部图纸设计。工厂很快投入加工制造，调试成功后立即投入使用，使该厂 BJ130 汽车产量加速增长。该设备获得了北京市先

表 1　1972—1975 级在所进驻的工厂参与的技术改造项目

年级	班级	指导教师	工厂	参与的技改项目
1972 级	73721	韩连生、盛东初、林国重	北京内燃机总厂	典型零件机械加工工艺
	73722	王志博、虞季文、彭荣济	北京二里沟汽车厂底盘车间	大樑钻孔组合机床
	73723	王志博、张启华、张建民	北京二里沟汽车厂变速器车间	变速器箱体加工组合机床
	73724	胡永生、孙厚芳	北京二里沟汽车厂转向器车间	转向器箱体多孔钻组合机床
1973 级	73731	吕秉德、韩锡勋	北京光学仪器厂（318 厂）	典型零件工艺设计
	73732			夹具设计
1974 级	73741	冯淑华、宁汝新、盛东初	北京第三通用机械厂	机床改造
	73742	陈传梁、王润田	北京油泵油嘴厂	铣削组合机床设计
1975 级	73751	胡永生、王志博、庞爱芳、周琴华	系实验室	电流脉冲马达
	73752		湖南江南机器厂	典型零件工艺

进加工设备奖励，参加指导的徐福增技术员也因此获“北京市劳模”称号。另一组 1972 级学生（赵文海、范宁军等）在教师指导下完成了 BJ130 汽车转向器壳体的螺孔复合加工（钻孔、倒角及攻丝复合）专用组合机床设计。该机床可在自动生产线上使用，也可单机加工该零件并实现自动化。

② 基础知识补充教学。

工农兵学员来自不同工作岗位，虽然都是基层单位遴选推荐，但是基础知识水平差异较大，相当一部分学生需要补充基础知识。根据学生实际情况，教师设置补充了教学和加强辅导环节，专门进行基础教学。例如，王志博和孙厚芳曾辅导初等数学，冯淑华老师辅导大学物理、孙厚芳老师辅导高等数学，等等。

③ 结合实际需要进行毕业设计。

工农兵学员的毕业设计多数是结合工厂实际需要立题，按照“毕业设计选题应难度合适、争取走完全过程”的原则，教师分别带领五六名学生结合实际选题进行毕业设计。如吕秉德和宁汝新带领1972级学生去太原机床研究所进行“加工中心”设计，林国重带领1973级学生在机车厂进行“货车自动分组”机构设计，孙厚芳带领1973级学生在通州红旗厂进行“自动压药机床”设计，陈传梁带领1974级学生在湖南9634厂进行“组合机床设计”，冯淑华带领1975级一组学生结合实验室需要进行“机床振动实验”研究。毕业设计的主要环节有工厂技术人员或工人参与。

毕业设计结合企业实际情况开展。例如，73724班的学生（拓林桃、杨胜利、陈忠贤等）在北京通县国营北方精密机械厂从事毕业设计工作，为工厂设计组合机床。学生随工厂技术人员与教师一起到常州、无锡、上海三地调研，收集资料，回厂后画出了具有回转工作台的组合机床图纸（图5），为后来工厂生产该类机床奠定了技术基础，在20世纪80年代该厂将该机床作为产品进行销售。

又如，王志博带领73722班的一组学生（张之敬、周紫光、张子清、李俊元、王传祥等）选择了“BJ130的转向节精镗专机”作为毕业设计课题，他们先后去洛阳（拖拉机厂、轴承厂）、南京（汽车厂）、上海（机床厂等）参观调研，完成了整机、主轴箱、主轴准停装置、夹具、电液系统的设计，以及零部件的加工、组装、整机调试，半年时间走完全过程。研制的专机比原用的“四轴精密镗床”高效、成本低、自动化程度高，受到车间、工厂好评。由周紫光设计的主轴准停装置，首次将陀螺仪“回零”机

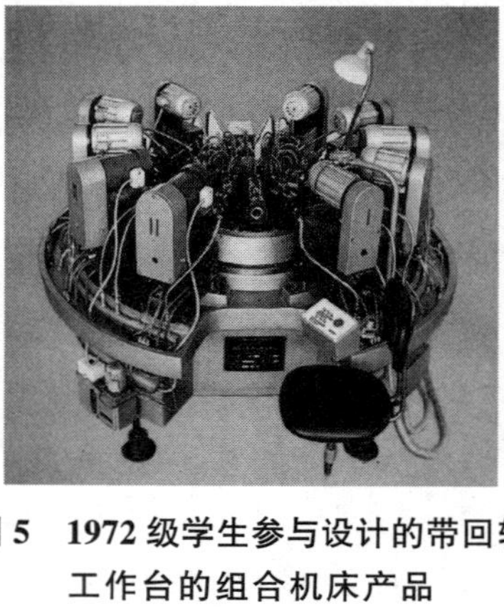

图5　1972级学生参与设计的带回转工作台的组合机床产品

构用于切削加工机床。该新型主轴准停装置的论文，已刊登于专业期刊《机床》杂志。

冯淑华带领 1974 级学生，结合液压实验的实际需要进行“液压实验台”设计。实验台的功能完善，已经应用于学生的“液压传动”和“液压伺服系统”等教学实验。

（3）课程及教材建设。

这时期结合教学需要开设的新专业课有液压传动、液压伺服系统、自动控制原理、夹具设计、特种加工等，并编写、油印临时应用的参考教材。为了编写新教材，教师们做了大量的准备工作。例如，1972 年年初，胡永生、王信义、吕秉德、徐弘山四人到南京、常州、无锡、上海、济南各机械厂收集了各种精密机械零件的工艺及设备，回校后编写了《精密零件制造工艺学》（分上、下册，由本校在 1974 年出版），为工艺课程教学充实了新的内容。盛东初、林国重带领唐承统等 73721 班学生到北京一机床、二机床和八机床厂调研，并在太原机床厂长时间蹲点，收集液压传动相关案例资料，完成了《精密液压传动》教材初稿编写，为“液压传动”课程提供教学支持。

（4）结合教学需要扩展实验室建设。

实验室建设需要资金及人力支持，虽然“文化大革命”期间的教学经费有限，但是人力资源丰富，一段时间机械制造专业所有人员全力投入实验室建设。例如，1972 年液压传动课程组动员全体成员（盛东初、林国重、宋丰岑、许忠明、冯淑华等），参与建设液压实验室，在 3 号教学楼的一个 20 余平方米教室内搭建液压实验台、配备液压组件，实验装备逐步完善，陆续提供给 1972 级及后期学生进行课程实验。又如，1973 年，陈传梁在筹备“特种加工”新课程的同时，组织扩建特种加工实验室，陆续修复超声加工、电火花加工、电解加工实验设备，购置激光加工和电火花线切割设备，建成的特种加工实验室为后期本科学生的相关课程学习和硕士生的课题研究提供了实验条件。

（5）教学队伍改革和能力培养。

针对开门办学的特点，教学队伍做了重大的改革尝试，每个年级成立一个教学联队。所谓教学联队，就是将担任专业课、专业基础课、基础课的教师集中在一起成立的专业年级组，进行适应性现场教学。例如，1975级教学联队成员包括外语教师王维庸、李留琦，数学教师肖德辉，力学教师赵旭生，理论力学教师李树焕，制图教师陈英檫，专业课教师胡永生、庞爱芳、王志博、周琴华等；1973级教学联队成员包括外语教师郑桂泉、王元长，数学教师熊大国，力学教师李树焕、陈爱伟，专业教师韩锡勋、吕秉德、林国重、孙厚芳等。

加强对中青年教师的专业外语能力培养。例如，利用业余时间组织中青年教师进行外语学习，以提高教师们的外语应用能力。经培训，教师的外语水平普遍提高，为查阅外文资料和出国访问、学习奠定了语言基础。

五、专业恢复期（1978—1988年）

1978—1988 年，是专业恢复发展的重要阶段。恢复高考以后，北京工业学院归五机部领导，之前的专业名称不再适用于五机部的产品对象；同时也为了消除本专业服务典型产品带来的专业狭隘的弊端，机械制造专业调整为更加通用的专业。1978 年 4 月，第一机械工业部在天津召开由 40 个院校参加的专业座谈会，会上沈鸿部长提出机械制造专业应是工艺和设备并重。1979 年 10 月，北京工业学院制订的教学计划专业名称正式改为“机械加工工艺与设备自动化”，主要研究金属切削理论、产品零件制造过程、金属切削机床的性能测试和设计计算，以及电气液压自动控制。此时，71（陀螺）专业和 72（液压、气动传动）专业调出 7 系。在原金相热处理教研室的基础上筹建金属材料工程专业。1986 年，在原机器零件教研室的基础上成立机械设计及制造专业。

1. 人才培养

1977 年，全国恢复高考，机械制造专业招收本科生两个班，共 60 人。1979 年制订的教学计划规定，本科生学制为 4 年，以在校学习为主，在校期间要完成课堂学习和实验、设计等环节。

按新的教学计划规定，学生需要学习公共课、基础课、技术基础课和专业课。公共课主要是指政治、体育、英语，总计 608 学时；基础课主要是数学、物理、力学等课程，总计 676 学时，这些课程主要是为学习专业课做理论基础。机械原理、机械设计及机械制造基础课程是技术基础课，总计 1 388 学时，主要为专用设备设计、零件加工工艺及工艺装备设计建立技术基础；同时自动控制理论、电气控制及液压传动等方面知识是机械加工和设备自动化控制技术及稳定性的技术基础。专业课包括金属切削机床、金属切削原理和刀具、机械加工工艺及夹具设计、机床电控系统，总计 272 学时。这些课程主要培养学生独立从事机械制造工艺及有关装备设计、测试、研究的能力。

除了课堂学习以外，学生还需要进行实习和设计等实践环节。实习分为金工实习、认识实习和生产实习。金工实习是结合机械制造基础课程，在学校的实习工厂进行，使学生获得机械加工、铸造、锻压及焊接方面生产、使用及实际操作技能；认识实习是在基础课教学的基础上，安排学生在本市专业生产工厂进行参观实习，使学生扩大眼界，初步了解本专业生产知识，为学习专业课建立感性认识；生产实习是学生在学完专业课以后，到专业工厂进行生产实习，初步运用所学的基础及专业知识，分析、研究生产中工艺、设备等有关问题，巩固和扩大专业知识，培养分析问题、解决问题的能力。

在四年的时间里，学生要完成机器零件设计、机床设计和工艺设计课程的学习。毕业设计安排在第八学期，一般是结合本专业科研课题及实验装置选择，培养学生从事专业工作、科学研究及实验能力。

教学过程中使用的教材主要由专业老师亲自编写。严圣武于1979年开始讲授“质量控制”（QC），后成为全校选修课。1986年，《质量控制》教材由北京工业学院出版，全国发行，被评为学校优秀教材。可以看出，1979年制订的教学计划不仅课时多，任务重，而且实践环节也丰富多彩，这些为渴求获取知识的学生、为重新站上讲台传道授业的老师提供了舞台，同时也为培养机械工艺方面的专用人才奠定了基础。随着时间的进展，随着改革的深入，学生数量有所增加，必修课程课时逐渐减少，选修课的数量逐渐增加，专业教学目标逐渐从培养专业人才向培养通用人才转变。伴随着计算机在机械领域的广泛应用，计算机方面的课程也进入教学计划，比如微机原理和应用、计算机辅助设计等。1977—1988年，毕业的学生质量和水平都非常高，他们进入高校、企业、科研院所，逐渐成为其中的佼佼者，很多人走上了领导岗位。总之，这十年是本科生教学恢复、发展和进步的阶段，为专业的发展打下了坚实的基础。

随着科研工作的开展，研究生人数也逐年增多。1978级有杨广勇、孙正胜2人，1979级有何岚、李世恒、徐宗瑞、张之敬4人，1980级有周兰英、贾春德2人，1981级以后的人数逐渐增多。研究生的学制是三年，第一年学习专业课程知识，剩下的时间进入课题组，跟着导师进行科研工作，完成毕业答辩。研究生不仅是老师们科研上的得力助手，同时也是推动专业研究向前发展的主力军，他们中大部分人选择留校任教，为后来专业的蓬勃发展做出了贡献。

2．教师队伍建设

改革开放以后，为了提高师资水平，有计划地对一些中青年教师进行了外语培训，并结合学科建设的需要适当地安排了一些教师出国进修，这些教师有王信义、宁汝新、孙厚芳、张建民、杨广勇、任玉田、肖定国等。

1981 年，张建民通过了学校出国留学进修的选拔考试和大连日语培训中心的语言考试；1982 年 6 月，由国家留学基金委公派赴日本国立电气通信大学“精密机械制御工学科”的尾谷研究室，进修“自动机械与机器人技术”。留学期间，张建民老师除了进修计算机控制技术、精密机械设计与加工技术、计算机编程语言（主要是汇编语言）、计算机接口技术等相关课程之外，还组装了一些小型机电一体化产品，并在尾谷先生的指导下，进行了“关于自动定心系统”的研究，该研究的目的是实现齿轮加工的自动化。张建民成功研制了由计算机控制的“齿轮加工自动定心系统”机电一体化装置，并参加了日本机电一体化技术研讨会，发表了论文《关于自动定心系统的研究》。1984 年 6 月，张建民结业回国。回国以后，张建民参加了学校的教学和科研工作，并担任机械制造教研室的党支部书记、教研室副主任。1986 年，为机械制造专业开设工业机器人课程。1988 年，编著并由北京理工大学出版社出版《工业机器人》教材。同年，在机械制造专业开设了“机电一体化系统设计技术”等当时的学科前沿讲座。

1983 年 2 月—1985 年 2 月，宁汝新受国家教委派遣赴德国柏林工业大学机床研究所进修。根据当时国内教学的需求，宁汝新选定了 CAD 技术作为主要进修方向，并围绕金属切削机床自动化设计，开展了基于主参数变量的车床结构自动化设计研究，撰写研究报告一篇、国际学术会议论文一篇。由于上交的研究报告得到了导师G. Spur教授的赞赏，因此应邀于1986年3月—1987年7月再次前往柏林工业大学生产技术中心，完成了博士学位论文，博士论文题目为“基于三维体积建模CAD系统的尺寸标注与公差设计”。论文于1987年在Carl Hanser Verlag出版社出版。回国之后，宁汝新利用在国外进修期间的成果，组织教研室老师共同参加了由北京机床研究所牵头的国家“七五”攻关项目“机床CAD技术”，获机械部科技进步三等奖，并编写了教材《机械制造中的CAD/CAM技术》，获机械部优秀教材一等奖。这些工作为日后制造工程系数字化制造研究所的发展奠定了基础。

1985年11月，孙厚芳以访问学者的身份前往美国加州大学奇科分校工业技术系进行计算机辅助制造方面的学习和研究工作，历时2年，具体研究成果是将一台苹果计算机与一台普通数控车床集成，改造为CNC机床，并成功加工出多种典型零件。回国以后，孙厚芳在科研和教学方面都发挥着积极的作用。科研方面，孙厚芳主要侧重于工艺、工装准备技术的研究，立项研究数字化生产系统技术，并将生产准备与管理技术研究范围扩展到数字化制造大系统技术，为机械制造学科的基础理论及执行技术发展奠定了基础；在教学方面，孙厚芳按CAD/CAM技术、现代制造系统的总体技术学科方向，承担本科与研究生教学工作，如“现代加工技术”的双语教学建设，选编英文版教材和课程主讲，承担研究生的专业英语课和成组生产系统课教学，以及硕士生和博士生培养工作。

3. 科研情况

在新的历史条件下，机械制造专业卓有成效地开展了相关的科研工作。1979年，切削教研室并入工艺教研室，科研工作在工艺教研室和机床教研室如火如荼得到开展。在1977—1988年这11年间，科研工作具有以下特点：首先是科研方向多，一两个教师就有一个科研方向。这和老师们迫切希望出科研成果的心理有很大的关系。其次是科研成果显著。这 11 年间，出了很多具有代表性的科研成果，比如超硬磨料电镀磨具、微孔加工技术、难加工材料的切削加工性、成组技术、研磨机技术、断屑技术、机器人中心、特种加工等。

（1）超硬磨料电镀磨具。

20 世纪 70 年代末，随着切削技术的进展，越来越多地采用硬质合金、陶瓷、氧化硅等新型刀具材料，这就对磨刀工具提出了更高的要求。常用的绿色碳化硅砂轮，由于刃磨质量差、寿命短及磨削灰粉太重而不受磨刀工人的欢迎；而树脂或青铜结合剂的金刚石砂轮则因为价格昂贵、磨削效率低，使用也受到限制。

工艺教研室的胡永生借鉴国外新发展的磨刀砂轮，与学院的工厂合作，成功研制了新型的端面开槽电镀磨刀砂轮。电镀磨刀砂轮是在端面开有槽的金属基体圆盘上，通过特殊的电镀工艺，利用镀层金属牢固地粘住一薄层人造金刚石（或立方氧化硼）磨料而制成的砂轮，它的特点是不需要修整与平衡就能装在机床上使用。实践证明，这种新型的磨刀砂轮是一种成本低、磨削效率高、寿命长、安全清洁，可改善工作环境的优良磨具。该磨具在许多工厂得到了一定的推广，并在 1982 年荣获兵器工业部技改一等奖。

除此以外，胡永生还指导一批研究生对超硬磨料电镀磨具进行了相关的深入研究。1981 级的肖定国对电镀金刚石珩蜗杆珩磨硬齿面圆柱齿轮新工艺进行了相关的研究；1981 级的赵广庆对电镀开槽砂轮开槽参数对磨削力和磨削温度的影响进行了研究；1983 级的牛庆祥对蜗杆珩齿机理进行了研究；1985 级的郭卫建对普通磨削与缓进给磨削表面残余应力进行了研究；1985 级的蒋旭荣对电镀金刚石砂轮结合力的分析测试进行了研究。

同时，胡永生研究的一种轻型低噪声电铸砂轮获得国家实用新型专利。他还发表了 20 多篇关于超硬磨料电镀磨具的国内外论文，其中 1980 年题目为“电镀开槽砂轮性能的初步研讨”的论文在第一期《北京工业学院学报》上发表。

（2）微孔加工技术。

1980 年，我国开始引进日本化纤喷丝机设备，对于易损的喷丝板来说，其上的微孔成为当时的最大难关，电火花、激光打孔都解决不了。为了攻克这一难关，王润田跑遍了几个大城市的微孔加工工厂，了解微孔钻削的加工情况和现状，经过无数个日夜的构思和设计，终于设计完成了第一代微孔高速精密钻床，推动了我国在微孔加工领域的发展。

该微孔钻床的钻孔直径范围为 0.1 ~ 1 mm，可以钻削各种金属材料，如钢、不锈钢、耐高温材料、磁性材料、牙科材料等，也可以钻削各种非金属材料，如珍珠、玉石、琥珀、玛瑙、玻璃等。该钻床的主轴为自动进给，工作台则为手动进给，主轴转速可以达到 400 000 rpm，可通过简单的数控实现系统的控制。

该微孔高速精密钻床经五机部军工产品展览会展出，会上国防科工委副主任邹家华亲自参观了钻床钻出的喷丝板样品。1986 年，被选送到武汉第二届全国发明展览会展出并获银奖；1990 年，被选送到广州第二届国际专利暨新技术新产品展览会展出，又获银奖；1991 年，参加北京第五届发明展览会展出，获优秀发明奖。钻床经过展览会展出后，信息传到各个省市，吸引各地厂家来北京观看样机并参观现场钻孔情况。

（3）难加工材料的切削加工性和先进刀具材料的研究。

由于国防的需要，重型火炮的内径由 152 mm 改用 130 mm、135 mm 及 203 mm，而炮弹尺寸亦相应变化，同时又发展了穿透钢板的破甲弹。新型火炮身管的材料为 PCrNi3Mo 和 PCrNi4Mo 高强度钢，加工难度大。破甲弹体的材料为 30CrMnSi（高强度钢）和 35CrMnSi（超高强度钢），加工难度更大。

这些火炮身管外圆和内孔的加工主要是采用新型硬质合金刀具，主要由 121 厂和学校、研制，部分从株洲硬质合金厂等厂家选购。参研人员在学校实验室做了大量的切削试验，优选出适用的硬质合金牌号，同时研究了加工高强度钢及新型刀具的切削机理。火炮身管的内膛要拉削螺旋槽，刀具经研究改用为粉末冶金高速钢，效率大为提高。

兵器工业部多次下达相关课题，并给予较多的研究经费。研究成果在127厂、447厂、123厂、5503厂等工厂推广应用，取得了丰硕成果。刀具寿命一般提高了50% ~ 100%，加工效率提高了30% ~ 50%，取得了显著的经济效益。

上述研究内容，我校与合作单位曾进行了技术鉴定，多次获得国家奖项。

① 1983年，“难加工材料加工性及刀具新材料新型号研究”获国务院国防工业重大技术改进三等奖。

②“DY、DN新型硬质合金的研制和应用”于1986年获得兵器工业部科技进步二等奖。

③“155等身管机械加工所用刀具的研究”于1991年获得兵器工业总公司科技进步三等奖。

④“203弹体加工所用刀具的研究”于1997年获得兵器工业总公司科技进步二等奖。

20世纪80年代以后，机械生产的工厂广泛引进了数控机床和加工中心，对切削技术提出了新的要求，主要是刀具性能提高、刀具国产化、数据库和切屑处理等方面。合作单位主要有株洲硬质合金厂、自贡硬质合金厂、有色金属研究总院、钢铁研究总院及615厂。主要成果如下：

①“数控车床断屑研究”在1991年获机械电子工业部重大成果奖。

②“硬质合金刀具断屑槽型系列化及牌号优化研究”在1996年获有色金属工业总公司科技进步二等奖。

③“发动机FMS产生线、刀具国产化及其管理”在1993年获得兵器 工业总公司科技进步三等奖。

④“加工中心和FMS所用刀具及切削数据库研究”在1993年获得有色金属工业总公司科技进步二等奖。

⑤“北京第一机床厂CIMS三期工程刀具技术及专家系统开发研

究”在1997年获得国家验收通过。此项目与北京第一机床厂、618厂合作研究。

⑥“高温合金、钛合金加工性及切削数据库研究”在2012年工信部验收通过，此项目与北航合作研究。与富耐克公司、东方天地公司、华南理工大学等单位合作，对上述工件材料和硬质刀具进行了深入研究，对刀具及超硬刀具的选用和切削机理有较深入的进展。

以上项目研究，主持人是于启勋和王育民，参加者有李汉民、张永标、杨广勇、杨洪建、张才鸿、周兰英、庞思勤、赵文祥等。

（4）成组技术。

成组技术是依据相似分析的基本原理，综合治理企业的设计、制造和生产管理的执行技术，即从系统工程的角度分析企业的多种产品和零部件，按照一定的相似准则将产品和零部件分类成组，以其相似组为对象采用同一种处理方法，以节省人力和物力，提高企业的多品种、中小批生产能力。

成组技术研究组创建于1980年，研究组的创始人为王志博和姜文炳。成组技术研究组积极参加国内成组技术的推广和组织活动，参与筹建由厂、校、院所科技人员组成的成组技术研究会，后晋升为中国机械工程学会成组技术分会，王志博曾担任中国机械工程学会成组技术分会副主任委员，并参与组织创办公开发行的会刊《成组技术与生产现代化》，被聘为会刊编委会委员。在成组技术的推广工作方面，成组技术研究组为国内兵器行业主办成组技术培训班，并主持完成了兵器工业部首批成组技术应用试点。

在科研工作方面，成组技术研究组自1980年以后，主要从事基于相似原理、成组技术方面的基础科研及其工程实施研究。参与开发了国内第一个跨行业的“机械零件分类编码系统（JLBM—1）”，先后编制了兵器行业的工装系列信息分类代码部级标准：“兵器零件分类编码系统（BLBM—1）”“机械加工夹具分类代码系统（JJDM—1）”“机械加工刀具、量具、辅具分类代码系统（JDDM、JLDM、JFDM）”“冷冲模具分类代码系统（LCMDM—1）”以及相关企业的编码标准。主持完成了适用于多品种生产的工艺装备实物研制及其 CAD 应用软件开发的科研项目，产品参加了全国和北京市发明展览会。随着计算机技术的成熟应用，成组技术研究组以企业为主要工程实施基地，融合计算机技术、信息标识、成组技术理论及现代先进技术，承担了一系列基于成组技术的工程实施项目，“FMS 工艺准备技术研究”“军品计算机辅助成组技术与成组生产准备系统”“基于成组技术的生产准备与加工系统工程化研究”“工装管理及设计系统”“数控车间数字化工程研究”等项目研究对加速产品更新换代，提高企业的多品种、小批生产能力和技术经济效益，具有促进、指导作用。研究成果获得部省级科技进步奖 11 项、优秀发明奖 1 项、光华科技基金奖 1 项，获国内专利 1 项。在国内外发表成组技术应用研究论文数十篇。

（5）研磨机技术。

20 世纪 80 年代，传统的研磨方法在研磨内孔和异形表面时存在很大的局限性，而国内的研磨机床大多引进或模仿国外的研磨机床，缺乏独创性，而且不能很好地解决上述问题。在这样的背景下，以孙玉良为代表的教师经过刻苦钻研，研制出了挤压研磨机。

挤压研磨又称挤压珩磨或磨料流研磨。它是利用具有一定黏弹性的物质作为介质，掺入磨料颗粒而成的半流体专用磨料，将该磨料反复挤过被加工表面而产生切削作用的一种加工方法。挤压研磨可以对机器零件的各种表面进行研磨、抛光的精加工，也可用于各种齿轮、液压元件、航空航天零件、仪器仪表零件、人造纤维喷丝板微孔、钻头铣刀的螺旋槽表面精加工，还可以用于去除由电火花加工和激光加工形成的脆硬层，尤其适于对小型交叉孔内的去毛刺和倒圆角，所以挤压研磨技术的出现使过去多年无法解决的生产技术难题得到了有效的解决。

挤压研磨机是为中、小型零件和磨具异形表面的精加工而设计的，全部运动均是液压驱动，设有操作方便、安全的特殊装置和结构新颖、性能灵敏、可靠的报警系统。同国外同类型的产品比较，这台研磨机具有成本低廉、加工精度高、粗糙度低、效率高的特点。

经鉴定本研磨机达到了国内先进水平，在某些方面独具特色，具有先进性，为国际首创，于1986年10月2日经国家专利局批准获实用新型专利权，并在第二届全国发明展览会上展出。

（6）断屑技术。

在国防产品生产中，大口径炮弹的生产量很大，其弹体所用材料强度高、韧性大，外形又为曲面，余量不均匀，而且加工中切削用量各参数的变化大，切屑很难折断。在利用一般刀具的断屑槽断屑时，很难以一种固定的槽型来达到在切削弹体各部分时都能稳定断屑的目的。在切削过程中高速排出的长屑十分锋利，对人和设备都会造成危害。为了解决上述问题，庞爱芳结合兵器工业中大弹体生产的课题任务，同有关工厂协作，研究出变进给断屑法，解决了难加工材料车削中的断屑问题。

变进给断屑法是一种不受工件材料、切削用量和刀具几何角度限制的可靠断屑方法，它不仅适用于大弹体、炮管等军工产品加工时的断屑，也同样适用于加工一般机械产品零件时的断屑。用这种断屑方法不仅能可靠保证安全生产和文明生产，而且可使刀具的耐用度提高40%～100%，机床的动态稳定性增加，从而延长机器设备的使用寿命，具有显著的社会效益和经济效益。

基于变进给断屑机理，庞爱芳研究出了多种变进给断屑装置。例如研制了两种振荡断屑装置，可分别用于C620-1车床及CE7132型液压仿形车床。此外，在外圆加工条件下，庞爱芳还对这类断屑装置的断屑机理、断屑条件、刀具耐用度、工件被加工表面粗糙度等进行了详细的试验研究。1983年以来，庞爱芳带领的团队先后研制成用于CW6140A普通车床及CE7132型液压仿形车床上的摇动断屑装置，并分别在粗、精加工中进行了试验研究和实际应用，1986年12月，摇动断屑装置成功申请实用新型专利。

此外断屑技术也获得了一些荣誉。1985年，变进给断屑机理及装置获得重大技改成果三等奖；大弹体终车外形断屑技术获得1987年度校科技进步二等奖；论文《变进给切削过程的动态稳定性》获得1987年度校优秀学术论文二等奖；摇动断屑装置获得1988年北京发明展览会优秀发明奖。

（7）机器人中心。

机器人中心成立于1985年，成立之初有员工6人，主任为陆际联教授。根据机器人学的研究需要，中心设有总体室、机构室、控制与驱动室及软件室，总使用面积440平方米。中心以科研任务为主，研制成功了KINS非接触式机器人性能测试系统，可按国际标准化组织ISO9283标准测量工业机器人位姿准确度和重复性、轨迹准确度和重复性、速度准确度和波动、圆角偏差等重要性能指标；开发了以OPTOTRAK三维运动分析系统为基础的RPT for Windows测试系统；完成了排牙机器人、移动靶车等科研任务。中心曾获国家科技进步三等奖1项，部级科技进步一等奖1项、三等奖2项。2002年并入机电一体化中心。

（8）特种加工技术。

对于难加工材料的加工，研究新型的刀具材料进行传统的冷加工是一种思路，但对于硬、脆材料，特别是小孔加工来说，传统的加工受到了很大的限制。从1981年开始，陈传梁在调研国内研究所企业、查阅国内外文献以后，引入了特种加工这个新的研究方向。

特种加工是指利用激光、离子束、电子束、超声、电解、化学等新方法对材料进行加工。陈传梁深入学习了特种加工的相关理论知识，于1983年在学校内部出版了《特种加工工艺》一书，该书成为学生学习特种加工课程的教材，并在1990年获得学校优秀教材三等奖。陈传梁亲自给本科生和研究生讲授特种加工课程。直到1989年，该书才由北京科学技术出版社出版，在社会上广泛传播和使用。

除了承担教学任务以外，陈传梁还和苏州激光研究所合作研发了JW-I多功能激光微孔加工机床。作为合作的报酬，我校也免费获得了一台机床。该机床不仅为学生实验提供了平台，同时也为老师的科研提供了实验条件。在此基础上，特种加工方面的论文成果也收获颇丰。例如1988年在北京电加工专业学会第三届学术年会上发表的《JW-I多功能激光微加工的研制及工艺研究》被评为优秀论文；

1989 年在高校特种加工教学研究会华北分会第三次学术年会上发表的《具有微孔监控功能的激光加工系统》被评为优秀论文。

需要指出的是，在这一时期，随着计算机技术的成熟和广泛应用，出现了先进制造技术的概念。它以先进制造工艺、计算机应用技术为基础，将设计、工艺、物流、管理等信息集成，形成不断更新发展的高技术体系。在机械制造领域最早出现的是数控机床、加工中心和工业机器人，形成了柔性制造单元。随后与物流自动系统组合成为柔性制造系统，在计算机信息系统和控制系统作用下最后形成计算机集成制造系统，未来还向智能化发展。我校工艺专业的教师注意到这一发展的动向，并积极参与其中，如研究了数控机床（NC）、计算机辅助设计（CAD）、计算机辅助工艺规程设计（CAPP）、成组技术（GT）、工业机械手、质量控制（QC）和工艺过程自动化等。1996 年，由曾凤章、严圣武老师合作的《质量工程现状与推广战略初探》获校优秀论文三等奖。1998 年，严圣武老师的“FMS 质量保证技术研究”获学校科技进步二等奖。

（9）电液锤技术。

电液锤项目组是从高速锤科研组发展而来的。由著名机械工程专家主持的高速锤科研组于 1978 年转入机械制造专业，1983 年开始由高速锤转向电液锤的研究。电液锤团队的主要成员有马永怀、夏德仕、贺鸣、叶恭法、田杰魁等人。

国外研制电液锤较早的是德国 LASCO 公司，蒸汽锤改换电液驱动头技术是其首创实施。国内蒸空锤改电液锤的研制课题起步略晚，但仍有多家厂校科研院所开展研制。电液锤项目组于 1986 年得到军转民技改立项，同年，首台样机试打成功。1991 年通过部级技术鉴定。

国内应用最广泛的电液锤技术是泵—蓄能器组合传动、单锤杆、排油打电液驱动头技术。这一技术被命名为“蒸空锤改电液锤”，以一项发明专利、三项实用新型专利支撑，北京理工大学是其原始发明单位，先后于 1991 年获部级科技进步一等奖、1992 年获国家科技进步二等奖。

电液锤技术曾被列入国家十项重点示范新技术、“九五”国家重点新技术推广计划、国家科技成果重点推广计划，面向国内相关行业推广应用。我校利用该项技术已为国内近百家工厂成功改造老旧耗能的锻压设备二百多台，并通过技术授权和专利许可，为国内多家研制单位提供了技术实施方案。

（10）模态分析与监控检测技术

模态分析技术是 20 世纪 80 年代国内外机械工程领域研究的热点。王信义教授于 20 世纪 80 年代初从日本留学回国后一直致力于机械结构模态分析、故障诊断、加工过程监控检测技术研究，获得了我们学科第一个国家自然科学基金、“文化大革命”后第一个部级二等奖，主编的《机电一体化技术手册》获得了我校第一个国家优秀图书奖，所指导的硕士、博士生有许多已成了国家级专家和行业的中坚。80 年代中期以来，王信义教授一直是机械制造及其自动化学科的学科带头人、首席教授，其带领的科研团队在模态分析、监控检测、故障诊断方面一直处于国内领先、国际前沿，其培养的带头人目前形成了制造系激光微纳制造、微小型机械制造、检测与控制三个重要的研究方向。

20 世纪八九十年代，王信义教授科研团队的主要成员包括董卫平、张之敬、徐春广、朱小燕、陈树我、张卫民、贾玉平等。该团队共获得部级以上奖 7 项，在结构模态分析、FMS 故障诊断知识库与专家系统技术、刀具磨破损检测技术等方面居于国内领先水平。

4. 实验室建设

1978—1988 年的十年，机械制造学科朝着机、液、电综合方向发展，由于教学工作和科研工作的需要，一批由教研室领导的实验室逐渐建立起来。这些实验室包括：切削实验室、磨削实验室、特种工艺实验室、液压实验室、电控实验室、测试实验室、计算机机房、机制基础实验间。

由于这些实验室分散，严重影响着专业的发展和学科水平的提高。1986年3月重新组建实验室领导班子以后，对实验室进行了初步整顿，找出了实验工作的差距。1986年4月，制订了《机械制造实验室规划建设（初稿）》，以后又对实验室建设重点实验室进行了论证，并在1988年对所开实验由学院进行了验收工作。在实验室完成搬迁和改建工作后，实验室面貌得到了改变。学校在“七五”期间给实验室70万元用于实验室规划和整顿，这些钱主要用于购买一些当时的先进实验设备。

实验室为机械制造工艺学与夹具设计、金属切削机床、测试技术等课程提供了教学实验基地。这些实验包括加工质量、夹具、工艺、机床和测试技术方面的实验。除此之外，实验室还可以进行较长时间的综合实验（1 ~ 2天），包括加工精度的统计分析、滚齿加工精度分析、磨削加工表面质量研究、机械加工中的振动、CAD/CAM、数控机床或加工中心的程序设计和机床的噪声测量等。

实验室除了承担教学实验任务，更多地要承担教师、研究生的科研项目，以及本科生的毕业设计。比较有代表性的科研项目包括难加工材料切削加工、机械加工过程中的振动、电镀磨具的研制、精密分度转台的研制、机床的噪声及降噪技术、变进给断屑技术、简易数控车床和电液脉冲马达等。

实验室最具代表性的建设是组建计算机机房。“文化大革命”十年间，正是国际上科学技术迅速发展时期，计算机科学发展尤为突出。与国内形成较大差距，制约了很多相关专业的发展建设。为此，1981年，系里决定筹建计算机机房。在4号教学楼隔出约20平方米的房间，作为系计算机机房，配置了一台TRS-80计算机（PC机），供师生使用。随着教学和科研工作对计算机应用需求的不断增加，在学校器材设备处支持下，计算机房增置了一台DUAL超级计算机（约5万美元），该系统配置包括中央处理器和4个终端，是当时我校最好的一套计算机系统，功能增强许多，大大提高了机房的服务功能。为适应教学和科研工作对计算机的需求，最后机房达到拥有21

台苹果机的规模。

机房主要承担了几方面任务：为最早一批中青年教师了解、学习、掌握计算机语言，熟悉计算机系统提供机时服务；为本科生、研究生的计算机语言课及需要上机的相关课程，如“CAD/CAPP/CAM”“优化技术及应用”等课程，提供了机时和服务；为教师的科研工作提供了上机服务。

5. 其他方面

十年间，机械制造专业进行了一系列的学术交流活动。

切削教研室是金属切削研究会华北分会理事长单位；工艺教研室是全国高校机械制造工艺学研究会华北分会理事长单位。

1983 年 10 月，邀请日本东京工业大学佐藤寿芳教授来学校进行加工精度方面的讲座，国内从事工艺教学的教师参加听课的有 100 多人；邀请西安交通大学屈梁生教授和北京航空学院的汪叔淳教授等先后来校座谈。

六、改革发展期（1989—2000年）

随着国家进一步的改革开放，对国外大学教育的了解越来越多，国内高校教师开始思考教育如何发展来适应改革的要求，因此从1989—2000 年，探索与改革成为这个时期的主旋律。这一时期专业发展的主要特点是：探索发展，以教改推动现代专业建设。

1. 人才培养

（1）专业建设。

随着人才需求的社会化，国家统招统分的政策取消，毕业大学生不再实行统一分配政策。学生就业选择自主性增加，原来苏联模式的专门化人才的培养，已不符合实际的需要。因此“拓宽专业，宽口径培养”成为当时专业办学思想的改革方向。我校机械制造专业也在这方面进行了探索。

1988 年和 1989 年在专业定向方面进行了探索，采用全系不分专业统一招生，使用 70 专业的代号名称（机械工程），包括了金属材料专业（原来的 71 专业），试图解决学生毕业后就业选择的局限性问题。

1988 级一共招收了四个班。在这四个班中，1 班作为实验班，2 班设定的专业方向为金属材料及热处理方向（71 专业）。1989 级进行了扩招，共招收五个班，1 班仍为实验班，2 班 71 专业的人数增加为 50 人，机械制造及自动化方向（73 专业）扩招为三个班。

虽然形式上合并成一个专业，但从教学角度，只是作为实验性质的 1 班进行了一定的调整：加强基础课内容；从大三开始的专业课进行一定程度的合并压缩，例如把过去“机械制造工艺学”和“夹具设计”两门课合并为一门“机械制造工程学”；从四年级开始实行导师制，毕业设计题目从大四上学期就布置。2 班仍然执行原来 71 专业的教学计划，3 班、4 班、5 班执行 73 专业的教学计划。

这样的改革，对于毕业生就业有一定的帮助，但由于 71 专业与 73 专业在教学内容、教学组织、师资队伍方面都有较大的差别，当时也没有从学生知识体系的角度深入调整，还是分别执行各自的教学计划，因此人为合成一个专业效果并不理想。

1990 年进行了修正性调整。一方面学校收回了实验班办学权力，由学校统一招收实验班和组织教学。同时恢复 71 专业的独立招生，在 70 专业名称下招收了三个班。

经过三年的实践，虽然确立了“拓宽专业，宽口径培养”的发展方向是教学改革的必由之路，但如何改革是一项复杂的系统工作，必须经过广泛深入的研究才能进行。

1991 年再次进行了调整，恢复 73 专业代号的招生，招收了两个班。但根据计算机及电子技术在机械工程中的应用发展和国内在该方面人才的需求，组建了“机电一体化”专业，并以 75 为代号招收了一个班的学生。从此之后，机械制造学科的专业布局基本确定，以 73 和 75 两个专业代码招生的局面维持到 1996 年。

75 专业作为机械工程学科下的一个新兴专业方向，主要强调电子与计算机控制在机械制造过程中的应用。我校是开办该方面专业较早的学校之一，参加了全国高等教育教学指导委员会该专业的指导文件起草工作，也是较全面建设该专业相关课程、编写出全国性教材的学校之一。

根据 1991—1996 年的 6 年实践，虽然把原机械制造专业分成两个专业方向的培养有利于适应新形势下学生的就业需求，但是随着制造技术的发展，特别是计算机和电子技术在整个制造中的广泛应用，机与电的结合已经是不可分的必然结果，“机电一体化”已不再是机械工程领域的一个特色方向。从学生的知识体系建立和学生工作对知识掌握的需要，没有学生可以只要求纯机械的知识而不用掌握利用计算机及电子信息解决制造过程控制问题；同时，没有机械制造的基础知识，只掌握计算机及电子信息应用原理的学生也并不能真正从事与制造工程相关的工作。因此，划分成两个专业方向对学生进行分别培养并不是一个好的方法。

1997 年开始，机械制造专业再一次合并为一个统一的专业“机械工程及自动化”专业，即 73 专业。

（2）学生扩招。

随着国家教育政策的发展，根据国家教委 1993 版、国家教育部 1998 版《普通高等学校本科专业目录》和教学指导委员会的精神，在专业拓展、教学内容体系改革、教学计划的修订、教学管理体制改革、教材建设以及教学基地建设方面进行了大胆的尝试，取得了一些突出的成果。招生人数也不断扩充，从 1996 级学生 84 人，1997 级学生 132 人，到 1998 级学生 155 人，之后就一直保持 5 个班 150 人的招生水平。

（3）专业体系改革。

按照“加强基础，拓宽专业，注重实践，提高效率，办出特色”的改革指导思想，对原机械制造工艺与设备、机械设计与制造、机械电子工程等专业进行合并改造，按学科“机械工程及自动化”开办本科专业，拓宽了专业口径。专业改造后，从 1997 级开始按一级学科招生，生源质量和教学质量均大为改善。

专业改革后，整体教学计划在专业基础课与专业方向课的理论与实践教学环节注重机械设计、机械制造、机电工程及自动化等各方面的专业需求，贯彻了“以机为主、以电为用、机电结合”的复合型专业人才的培养思想，确立了以先进加工技术、集成制造技术和机电一体化产品设计为方向的专业特色。

通过本次专业体系的改革，确立了我校机械工程及自动化专业较长时间的专业定位和专业方向。也因此获得了北京市高等教育教学改革一等奖。

（4）教学内容改革。

在 1998 年按“机械工程及自动化”开办本科专业的基础上，进一步系统规划了专业课程建设内容，深入研究其中的问题，进行了全面系统的改革尝试。

从现代机械工程系统角度对专业课程内容体系进行重新构建，主要包括以下三个方面：

① 体现大机械的系统概念，兼顾设计、制造、机电工程及自动

化等专业方向需求，确立以先进加工、集成制造和机电一体化为方向的专业特色。

② 占大学 1/4 以上时间的独立实践教学环节也据此进行改造和建设，建立学生现代的、整体的、系统的工程意识。

③ 不设过于专业化的专业方向必修课，专业方向重点体现在课程设计、毕业设计等实践环节和选修课上。

从学生专业系统能力培养的角度，整合了专业课程的具体内容，具体包括：

① 将原来的 10 门专业课进行内容融合，根据各知识点在体系中的地位和作用整合为 4 门课，再新增 2 门课。

② 整合的结果是：在保证基础教育、实践环节课时不变的情况下，成功实现了学校压缩总课时 7%（184 学时）的要求。

③ 为实现内容体系的重新构建提供了支撑，贯彻了培养“以机为主、以电为用、机电结合”的复合型专业人才的思想。

提出了“课群”的概念，课群不同于系列课，它不仅强调课程之间的纵向联系，更强调课程之间的横向联系；形成了以课群为基础的教学计划核心结构，进行了教学内容体系改革，制订了新的教学计划。新的教学内容体系具有如下特色：

① 不仅在学时上保证了基础教学的时间要求，还在内容上增加了工程数学、热力学、流体力学、技术经济学、人文社科系列课程，分别落实在有关课群中。

② 在专业基础课与专业方向课的理论与实践教学环节注意了机械设计、机械制造、机电工程及自动化等各方面的专业需求，贯彻了“以机为主、以电为用、机电结合”的复合型专业人才的培养思想。

③ 教学体系以课群为基础，便于教学计划的宏观调控和日常教学运行，也便于课程和课群的教改，使其方向明确。具体而言，在制订教学计划时，从宏观上对高等数学、大学物理、人文社科、机械基础、电工电子及专业课群均提出了明确的要求。

④ 本科四年 1/4 以上时间用于独立的实践教学环节，并在内容

上重点安排综合性实践教学内容。

⑤ 过于专业化的专业方向课较少，专业方向重点体现在实践环节和选修课上，有利于开设合班大课，提高教学效率。

专业课群的改革不仅推动了专业教学计划的整体优化，而且促进了基础课群（如非电类电工电子课群、机械设计基础课群、机械制造基础课群等）的改革；不仅在我校实施，而且通过全国机电类专业教学指导委员会的活动和校际调研交流，在校外起到了良好辐射作用，先后有30多所大学到我校调研该专业改革情况。

（5）管理体制改革。

学校的教学运行，依赖于学校教师的组织管理。组织管理方式的不同，不仅直接影响教学的执行效果和持续发展，也影响教学内容的设置和学生的成绩。因此，在教学体系和教学内容改革的同时，进行了教师组织形式、教学管理方法的改革。改革内容主要包括以下四个方面：

① 理顺学科方向：专业教育的质量和特色，关键在于学科方向的发展。因此在行政组织上，解散了原来的以专业方向课为主的教研室（包括工艺教研室、机电教研室、FMS研究室、切削研究室等），重新组建了以学科方向为龙头的学科组（集成制造技术学科组、先进加工技术学科组、监控检测技术学科组），课程人员则按照教学需求动态组合为课群/课程组，促使教师主动地与有关专业方向的教学和科研密切结合。通过加强学科建设，强调以学科发展为龙头，建立相对稳定的学科发展方向和学科组，体现办学特色。

② 分清教师层次：为改变以往因教师严重缺编而在一定程度上存在的“大拨轰”局面，按教学质量和学术水平把教师分成学术带头人—主讲教师—助教—教辅人员四个层次，保证必修大课均由合格的学术带头人或主讲教师授课。合格的教授、副教授、讲师，均可以作主讲教师；反过来，对于教学质量较差的教师，即使是教授，也要暂停其主讲教师资格。教师层次根据实际教学质量经常调整。实施该方案后，调动了教师教学研究的积极性，先后有两名青年教师在北京市

教学比赛中获得一等奖。

③ 提高教学效率：在教改的同时设法提高教学效率，使“事事有人做，人人有事做”，让有能力的教师充分发挥其作用。提高教师工作效率的主要办法有：上合班大课，课群内跨课，逐步形成“每门课有多个教师可讲，每个教师可讲多门课”的机制。

④ 落实质量责任：教学质量保证是教学管理工作中的一个重要环节。质量保证的落实主要体现在两个方面：一是质量责任；二是质量监控。落实教学质量责任就是要把教学质量任务分解落到实处，而不能是“眉毛胡子一把抓”、事事处处找领导，或者“上边埋怨下边、下边抱怨上边”的互相推诿。从总体上来说，教学工作责任分别落实为：领导——组织责任；学科带头人——规划责任；教师——主讲责任。在落实质量责任的基础上，建立一套完整的由领导、教师、专家、学生参加的教学质量保证体系。为落实上述改革思路，学院专门制定了本科教学管理规定。

在组织形式和管理方法改革后，实际运行效果得到了很大改善。特别是扩招后，在教师由于退休较快减少的条件下，仍能满足教学工作的需要，并保持了高质量的教学效果。随着学校院系的大幅度调整，虽然教师组织形式有了较大变化，但采用动态组合课群/课程组的方式、责任分解及领导、教师、专家、学生参加的教学质量保证体系一直得以保证。特别是后者，已经被学校采纳，成为学校重要的教学质量保证手段。

（6）教学手段改革。

教学手段是实现教学目标的基础，自从国家改革开放以来，以提高教学质量为目标，对老式的教学方法与手段进行了彻底的改革。

① 采用先进的多媒体授课手段，提高教学质量和课堂信息量。完成“新世纪网络课程建设”项目“CAD/CAM 网络课程”，以优秀成绩通过教育部的质量认证和验收，获校一等奖。完成校教改立项“机械工程与自动化专业课的系列 CAI 课件制作”，获校三等奖。

② 通过教学改革实践，提高青年教师的教学水平。青年教师的

教学水平和课件制作水平提高较快，先后有 4 人分获校教学基本功比赛奖，其中 2 人获北京市教学基本功比赛一等奖，并发表多篇教学论文。

③ 突出专业课程特点，进行实践教学方法改革。采取教师讲解与师傅指导相结合、基本操作与能力训练相结合、参观研究与动手实训相结合、计划实验与自主实践相结合、实物教学与虚拟实验相结合的多种实践教学方法，开设了兴趣型认识性、求知型自主性、创造型开发性、综合型研究性等多类开放实验，效果很好。

（7）考核方式改革。

考核方式改革的核心是考查和培养学生解决实际问题的能力、动手能力和协作能力。尝试改革传统的闭卷笔试方式，采取分组个性化专题报告、社会调查自拟论文题目、实验室实地考核等多种考核方式。基本特征是调动学生积极性，变被动应试为主动思考，增加实践环节和个人综合素质的培养和锻炼机会。

在改革实践中，根据课程（或课群）的特点，采用了笔试与专题相结合的形式。让学生进行一个本课程基础知识的测试外，把全年级五个班每班分成十个小组，每组 2 ~ 3 人，每个小组做一个专题。专题内容分三类：

① 实验类——通过实验分析制造过程中的精度问题，要求学生进行实验方案设计，到实验室亲自做实验，处理实验数据，然后写出专题报告。

② 计算类——利用计算机对某一加工过程进行仿真，找出最佳加工参数，分析加工参数的影响，然后写出专题报告。

③ 研究类——通过调研和查找资料，独立分析和解决实际产品中存在的问题。

这些专题报告鼓励学生全面应用所学的知识和技能，充分利用计算机进行数据处理。专题的内容甚至还要求学生查阅资料，自己找到解决的办法。

专题部分的成绩评定，使用口试的形式。每个组做 15 ~ 20 分钟的报告并答辩，老师对报告内容、表达能力等多项内容进行打分。在小组做报告和答辩中，要求小组内的每一个同学都要积极参与，教师不仅给小组打一个组分，而且根据每一个同学的参与程度和表现，给每一个同学单独打分。

学生的最后成绩利用学生的三个分数（基础知识考试分、小组成绩和个人表现分）进行综合，重点看后两项分数，给出一个综合评定成绩（用“优”“良”“中”“及格”“不及格”五级计分制）。综合评定成绩反映了该同学对本课程的全面掌握和运用能力。

采用笔试与专题相结合的考试方式在机械类专业课和专业基础课中实施取得了良好的效果。在专题报告中可以看到，学生不仅能运用本课程的知识解决实际问题，还能够根据问题查找资料，提出解决问题的办法。

（8）实践方式改革。

针对学生暴露出来的学习以及能力上的问题，提出了实践教学体系的设计理念、建设目标和建设思路，即建立“三大”（大机械、大制造、大工程）概念，形成创新意识，培养工程素质，提高实践能力。建立了多层次（实验教学、课群综合设计或实验、科技发明活动）、多类型（认识性实验、验证性实验、综合性实验、创新性系列化实验）、不间断（1 ~ 4 年级全过程）的实践教学模式，并通过“211 工程”、世行贷款等加大投资力度，加强实践教学基地建设。

学校在“211 工程”建设规划中，为机电教学实验中心投资 230 多万元，为“机械制造”重点学科建设投资近 300 万元；另外由日本政府无偿赠款 5.2 亿日元建立了机电一体化培训中心；由世行贷款及有关配套资金共 800 万元建设工程训练中心。实验设备的加强为实践能力的培养、专业改革的实施提供了良好的物质基础。

在专业实验教学实验室的建设中，改变了过去单独教学实验室的运行模式。与机构改革相结合，充分利用全系学科及科研实验室的有利条件，在各学科及科研实验室中，构建相应的教学实验模块

（图 6）。这些实验模块分别构成了专业教育的三个课群方向，正好涵盖三个专业技术内容，即计算机与电子控制的机电控制技术、计算机辅助技术的制造信息处理技术和机加工艺设备的工艺制造技术。

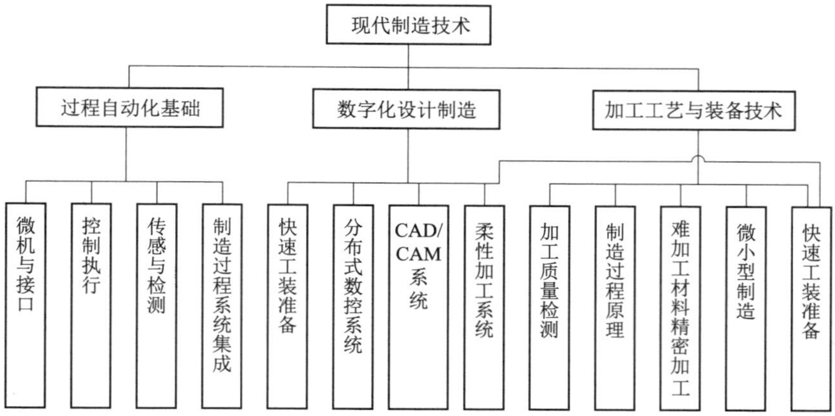

图 6　现代制造技术实验涵盖内容

从实践教学体系的角度，提出并建立了本科实践教学与理论教学的关系（图 7）。其中，实践教学体系以实验基地、实习基地为依托，包括基础实践、技术基础实践以及专业实践。三种类别又分别包含不同类型的实践环节，如课程实验、实习、课程设计等。从大学一年级开始的认知性实习到大学四年级的综合性生产实习，横跨基础实践、技术基础实践和专业实践。

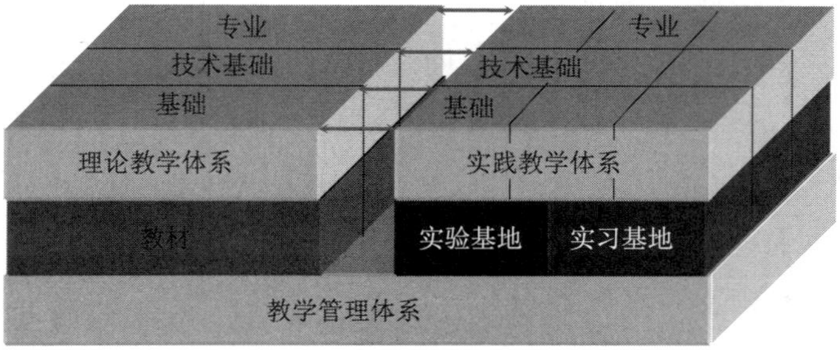

图 7　本科实践教学与理论教学的关系

实践教学是理论教学的深化，遵从认识、实践、再认识、再实践的科学规律。从以下几个方面进行了系统设计：

① 多层次——按由浅入深，组织不同层次的实践环节。变以验证性实验为主到验证性、认知性、综合性、创新性实验多种层次实验并存。

② 模块化——按学习内容分块设计实践菜单，变固定内容、固定时间、固定模式的实验设置为支持模块化选择。

③ 分类型——采取实验、实习、课程设计、毕业设计、课外科技活动等多种类型的实践教学形式。

④ 综合性——按课群甚至学科组织实验，变课程分散实验为跨课程、综合性实验。

⑤ 开放式——不局限于课内教学计划，开设开放性教学实验，鼓励学生课余自主选择。

⑥ 不断线——除课程实验之外，各种实践环节（包括工程训练、实习、综合设计等）合理分布于四年之中，实现实践能力培养不断线。

实践教学的改革做到了四个保证：

① 学时保证。将本科四年中多于 1/4 的时间用于独立实践教学环节。

② 内容保证。在重要的基础课、技术基础课、专业课中加强实验教学，覆盖面广。

③ 类型保证。安排多种实践类型：实验、认识实习、生产实习、课程设计、毕业设计、综合训练等。在内容上重点安排综合性实践教学内容，课程设计不再是针对某一门具体课程的具体环节，而是与课群相关的综合训练，这对培养和锻炼学生的实际动手能力和工程职业素质大有裨益。

④ 基地保证。不仅通过校“211 工程”建设、世行贷款初步建立了校内较完善的实验基地，而且与长春一汽签订协议，建立了稳定的校外实习基地。

（9）毕业设计改革。

毕业设计（论文）教学过程是大学生在系统掌握基础知识、专业知识的基础上，提高科学研究与工程实践能力的重要培养阶段，是学生正式进入设计研究领域的开始，又是大学生未来开始独立工作的预研性准备，是学生学习、研究与实践成果的全面总结，是学生综合素质与工程实践能力培养效果的全面检验，也是衡量高等院校教学质量和办学效益的重要评价内容。

在学院的统一指挥下，机械工程系承担了国家“毕业设计（论文）环节的教学改革与实践”教学改革的立项课题，针对当前我国高校学生毕业设计（论文）环节存在的问题，系统地进行毕业设计（论文）环节的教学改革的探索。该项目的完成，形成了全国指导毕业设计的统编教材，对于全面推动素质教育，提高高校学生创新能力和实践能力、培养国家所需要的建设人才做出了重要贡献。

机械制造专业毕业设计的教学目标：一是培养学生综合运用有关的基础理论课、技术基础课和专业课的知识和技能去分析和解决一般工程技术问题的能力；二是对学生进行工程技术人员基本能力的初步训练，使他们能掌握解决机械制造工程技术的工艺、设备和相关问题的一般程序、规范和方法，以便毕业后能很快胜任技术工作。除此之外，还对基本任务、知识要求、能力培养，思想作风等方面提出具体的教学要求。

为达到上述毕业设计的教学目标，该教改立项采用因材施教的多种教学方法，在选题、指导、管理和最后成绩评定方面针对学生差异使用不同的模式。

① 对于学习较好、被推荐上研究生的学生，让他们提前进入毕业设计。

现在的毕业设计时间较短，学生往往在刚刚进入课题，对课题研究的内容和方法有所掌握的时候，毕业论文设计就已经结束，因此，毕业设计就只能做一些简单课题，而且往往也与今后研究生所做课题无关。对于被推荐上研究生的学生，一方面考虑他们今后进入研究生阶段对某一方向课题的学习和研究，另一方面考虑他们的学习能力，在第七学期一开始就把毕业设计的题目确定，这样，他们不仅能有目标地选修一些课程，而且可在课余时间查阅资料、制订计划。

② 对于有较高的学习主动性、有明确的毕业就业方向的学生，鼓励、帮助他们从社会上找选题。

毕业设计一方面是巩固所学的知识，学会利用理论知识去解决实际问题，另一方面，对大多数学生来说，也是就业前的一种培训。现在学校教师所进行的课题，有的难度较大，有的周期较长，还有的属于跨学科研究。这样的题目学生在做时感到有一定的压力，并且积极性较差。有明确的毕业就业方向的学生，由于找工作等，对社会有较多的接触和了解，能把用人单位的课题带回学校，在教师的指导下，利用毕业设计的时间解决。这不仅锻炼了学生解决实际问题的能力，同时也是学生的一个自我表现机会，与学生的切身利益相联系，能最大限度发挥学生的主观能动性。

③ 对于学习吃力、对所学知识掌握不够牢固的同学，设计模拟题目进行综合训练。

还有一部分学生，在前面理论学习阶段对所学知识掌握不够牢固，在做毕业设计时，由于教师实际科研题目很难做到让学生全面应用他们所学理论知识和技术，而且这些课题有时还需补充一些在教学大纲以外的理论知识，这样就造成一方面学生完成的毕业设计效果较差，另一方面也没达到对其进行工程技术人员基本能力训练的教学培养目的。对这样的学生，使用周密设计的毕业设计虚拟题目进行全面系统的训练，不但同样可以达到培养学生利用理论知识去解决实际问题的能力，而且通过实际应用的需求，再一次促进学生对所学基础理论和技术的掌握，达到培养学生能力的目标。

毕业设计的组织和条件保障是毕业设计得到良好效果的基础。特别是采用三类毕业设计课题混合进行的情况，组织和条件保障更加重要。因此在毕业设计的教改中，制定了相关毕业设计工作的条例和指导文件，包括制定统一的毕业设计规章制度和学生守则、标准格式的毕业设计任务书、规范的毕业设计评分标准和毕业设计答辩委员会条例。通过标准规范的指导文件的制定，学生和教师都能知道自己的要求和职责，整个毕业设计按部就班，有条不紊。

同时，毕业设计过程的规范化保证了毕业设计的整体质量水平。毕业设计的过程包括下面四个环节：

第一环节：课题选择。在第七学期，首先由老师申报题目，经学院审查批准，再与学生见面。毕业设计题目达到一人一题，其中结合科研实际、教学需求的真题目大约占 65%。选题符合专业教学基本要求。深度、广度和难度基本适当。

第二环节：课题指导。注意把握学生思想动态，每人对学生的指导时间均大于学院要求时间（每周两次，每次 2 小时）。毕业设计过程中，既放手让学生干，又掌握大的方面，并在疑难问题上、关键问题上给予及时帮助和指导。

第三环节：过程保证。建立完善的期中检查制度，保证学生能按计划进度进行毕业设计。

第四环节：答辩评分。答辩小组由具有高级职称的 5 名教师组成。答辩前、后均召开小组会，了解学生情况，统一评分标准和原则。以 3（指导）：3（评阅）：4（答辩）的权重系数计算学生毕业设计成绩，再根据全班成绩分布，考虑各成绩段比例，定出优、良、中、及格、不及格。做软件题目的学生要在答辩前接受软件验收小组（学科组组织安排）的验收，验收通过才准予答辩，答辩中考虑验收成绩。

毕业设计（论文）阶段培养模式的指导方式更加开放和多样化，强调要面向社会需求，面向经济建设主战场。毕业设计（论文）选题既有科研与工程训练背景，又有较强的实践（用）价值，能达到既有综合训练又有综合素质培养的目的。毕业设计（论文）工作改革的实质性突破，体现在广泛社会参与这一点上。只有社会的广泛参与，才能从整体、综合的层面上来关心、研究高等教育及其实践教学，高校毕业设计（论文）工作改革的各种方案才会得到更广泛的社会认同与支持（图 8）。

图 8　1994 届毕业生毕业典礼

上述改革成果，在人才培养质量效果上已初见成效。在 1998 年、1999 年、2000 年北京市教委组织的三次毕业设计抽检评比中，机械工程及自动化专业均为优秀。在学校 1999 年 11 月接受教育部“本科教学工作优秀学校”评估检查时，机械工程及自动化专业被抽查的几十本毕业设计和课程设计，受到专家好评。培养出的毕业生受到社会欢迎，每年毕业生一次就业率达到 90% ~ 96%。

2. 实验室建设

1989—2000 年，机电一体化中心建立。机电一体化中心由吴平东教授发起，在校领导的大力支持下，于 1994 年 11 月 13 日由对外经贸部、机械工业部和日本政府签署协议共同在北京理工大学建立机电一体化中心。该中心具有世界一流的研究实验设备，总投资达 500 万美元，仪器设备总计 400 余台套，实验室面积 1 100 平方米。

机电一体化中心成立之初有员工 12 人，中心主任为吴平东教授。我校聘请倪志福为顾问教授（图 9、图 10）。研究方向主要有控制与检测技术、数控加工技术、CAD/CAM 技术以及互联网的远程控制及检测技术和脑信息技术。机电一体化中心建立之初主要以培养研究生和教学培训、科研和开发为主。

图 9　北京理工大学聘请倪志福为顾问教授

图 10　宁汝新教授等跟倪志福教授合影

机电一体化中心具有当时先进的 FMS 系统、液压及气动控制实验系统、CAD/CAM 研究开发系统、小型机和工作站及检测设备、教学及演示设备。此外著名测量仪器厂家日本三丰公司（MITUTOYO 株式会社）在中心设立了三丰测量技术实验室，赠送了圆度仪、表面粗糙度测量仪、轮廓投影仪、硬度仪、多套光栅尺以及一批小测量工具。该中心成为当时学校接待参观的重要窗口。

机电一体化中心下设4个实验室：

① 计算机辅助设计与加工实验室：应用计算机技术进行辅助设计，由宁汝新教授负责，涉及从产品方案选择、零部件结构设计、总体装配、干涉检查、数据测试分析、性能评价、数控自动编程到加工过程模拟仿真。教学时学生每人一台微机学习掌握辅助编程技术，进行高效率研发，解决生产实践中遇到的难题。

② 数控技术实验室：先进的数控镗铣加工中心和数控车加工中心通过计算机技术连接一台工业机器人和一台自动传送装置，可以组成一条具有典型意义的FMS柔性加工系统，通过网络将数据传到其他实验室，服务于自动控制方面的教学和试验需求。实验室建设由张祥永老师负责。

实验室开设有数控机床操作、手工编程、自动编程、数控加工技术，柔性加工技术、机器人与加工中心连接技术等讲座。实验室可供培训学员参观学习，接待外单位参观及学习。

③ 检测与控制技术实验室：以液压、气动、电气控制方式实现多种控制方案。实验室建设由吴平东教授负责。运用检测转换技术可适用各种不同的应用对象，通过先进的计算机CAD工作站与应用软件形象直观、图形化显示，使人自然地进入能动与自助的学习当中。

④ 公用电子检测实验室：具有高精度测量仪器CNC三坐标测量机、高精度电子测微仪，各种电容、电感、光栅位移传感器，各种加速度、扭矩、转速、角度、力、压力、流量检测传感器，光电、磁编码器，激光位移演示系统等。电子分析仪器包括高速波形分析数字示波器，大容量存储示波器，大容量逻辑分析仪，多通道波形分析记录仪，数字示波器，对检测信号进行放大、滤波、积分处理的信号处理系统等。实验室建设由马树元老师负责。实验室可提供培训人员学习了解各种检测传感器应用、检测数据的分析技术与方法。

1994—1997年，共举办机电一体化技术培训班（厂长总师班）6期，培训学员104人；举办数控技术培训班12期，培训学员73人；举办CAD/CAM培训班9期，培训学员63人；举办生产管理培训班1期，培训学员85人。进行专题讲座7次，参加人数785人。编写培训教材29本。其中，机械电子工业部于1991年下达编写大型重点工具书《机电一体化技术手册》任务，机械电子工业部科技司和中国机械工程学会组织成立了编辑委员会，时任机械电子工业部副部长唐仲文担任编辑委员会主任委员，王信义（北京理工大学机械工程系教授）、刘巽尔（北京理工大学机械工程系主任）、姚福生（机械电子工业部总工程师）、朱森第（机械电子工业部科技司司长）、吴关昌（机械工业出版社副社长）担任副主任委员，王信义任主编，编委会办公室设在北京理工大学机械工程系，唐水源、梅虹为办公室秘书。机电部科技司将《机电一体化技术手册》编写任务列入1991年重点科研计划，并拨付北京理工大学科研经费4万元。

从1997年开始承担机械制造及自动化专业本科生教学的相关工作，1994—2002年间共培养博士研究生4名，硕士研究生20多名。

2002年，机电一体化中心并入机械与车辆工程学院。

七、快速发展期（2001—2010年）

进入新世纪以来，机械制造专业的发展进入了一个快速发展的新时期。2002 年，车辆与交通工程学院、机械工程与自动化学院、校附属工厂整合成立机械与车辆工程学院，下设车辆工程系、热能与动力工程系、机械制造及自动化系、交通工程系、机电一体化中心、机器人中心、机电科学基础部、工程训练中心等单位。其中，机械工程及自动化专业的教学工作主要依托机械制造及自动化系，机电科学基础部主要承担机械制图、机械原理、机械设计等专业基础课程的教学工作，工程训练中心主要承担制造技术基础训练等实践环节的教学工作。2006 年，机械制造及自动化系抽调工业工程专业的任课教师成立工业工程系。2009 年，机械与车辆工程学院更名为机械与车辆学院。2010 年 5 月 20 日，机械与车辆学院整合机械制造及自动化系、工业工程系和机电一体化中心，组建了制造工程系。

在学科建设方面，2001 年，机械制造及自动化学科申请并获批北京市重点学科和国防科工委重点学科；在 2007 年的教育部学科评估中，机械制造及自动化学科所属的机械工程一级学科排名全国高校第七，获批一级学科国家重点学科；2009 年，机械制造及自动化学科获批国防特色学科。

在此基础上，根据国家和国防领域的发展需求，学科方向与研究领域得到了广泛拓展：① 2003 年，申请并建立了工业工程二级学科；② 2003 年，与飞行器设计等学科专业合作申请并获批了航空宇航科学与技术一级学科博士点和博士后流动站，其中航空宇航制造工程二级学科由机械制造及自动化系承建；③ 2007 年，申请并获批了精密与微纳制造国防紧缺学科。

同时在学科基地建设中，先后申请并获批了先进加工技术国防重点学科实验室和国防科技工业微细结构加工技术研究应用中心（后改名为“国防科技工业复杂微细结构加工技术创新中心”）。在此期间，在“211 工程”二、三期，“985 工程”一、二期建设的支持下，制造学科研究实验基地初具规模，有力地支持了科学研究在同期的跨越式进步和人才培养质和量的飞跃。

在队伍建设方面，2006 年引进了北京理工大学制造学科首位“长江学者”特聘教授、现已成为国际上知名的飞秒激光加工理论与方法研究专家的姜澜教授。

经过十多年的努力奋斗，制造学科形成了多个稳定的、具有鲜明特色的、国内具有较强影响力、个别在国际上亦被评价为一流（激光微纳制造）的学科方向，为在未来 10 ~ 20 年在国家制造领域做出更大的贡献奠定了良好的基础。

1. 专业建设

为了适应制造学科和专业的建设和发展，1999 年，机械工程学院以原 73 专业工艺教研室、FMS 研究室、切削研究室、锻压技术研究室、机械制造实验室为基础成立了具有教学、科研、学科建设等全面管理机能的机械制造及自动化系，其中系支部书记由孙厚芳教授（负责党支部和思想政治工作）担任，系主任由张之敬教授（负责学科建设和全面工作）担任，副主任由王西彬教授（科研）、杨志兵副教授（教学）担任。孙厚芳教授 2007 年退休后由唐承统教授接任；2010 年后刘佳教授任机械制造及自动化专业教学主任。制造系的成立，对制造学科和专业的建设和发展起到了重要作用。

1.1　机械制造及自动化专业建设

（1）专业培养目标。

2003 年、2006 年、2009 年，专业按照学校的统一安排对培养方案进行了修订，分别形成了 2003 版、2006 版、2009 版培养方案。

（2）教材建设。

这一时期，编写完成了《机电一体化系统设计》《CAD/CAM 原理与应用》《机械制造工程学》《机械制造装备设计》《机械工程控制与检测技术》教材。新编教材体现军工特色，结合军工、科研、生产实际，2008 年年底交北京理工大学出版社出版发行，使自编高水平教材达到 80% 以上。同时《机械制造工程学》《机械可靠性设计》《几何精度规范学》《质量工程学课程实验教材》被列入学校

“十二五”规划教材；周兰英和姜澜主编的《现代加工技术（英文版）》，张之敬主编的《机械工程控制基础》获北京理工大学第十一届优秀教材二等奖。宁汝新、赵汝嘉等编写的《CAD/CAM 技术》入选国家精品教材。

（3）获奖情况。

机械制造及自动化专业教师积极参加教育部、北京市教学委员会组织的教育教学成果、精品课程、双语教学示范课程、优秀教学团队、教学名师、青年教师教学基本功比赛、教育教学改革立项项目，取得了丰硕的专业建设成果（表 2）。

表 2　专业教师获得的教学奖励和支持

序号	时间	奖励 / 支持项目名称	奖励 / 支持类别	获奖人 / 完成人
1	2001 年	机械工程及自动化专业体系的改革研究与实践	北京市教育教学成果（高等教育）一等奖	庞思勤、蔡颖、张建民、杨志兵、李和章
2	2004 年	机械工程及自动化专业课程内容体系和教学方法与手段研究与实践	北京市教育教学成果（高等教育）一等奖	蔡颖、杨志兵、刘佳、薛庆、唐承统
3	2004 年	工程训练实践教学体系的改革与创新	北京市教育教学成果（高等教育）一等奖	丁洪生、庞思勤、周郴知、杨志兵、万小利
4	2008 年	深化实践教学改革，促进工程训练发展	北京市教育教学成果（高等教育）一等奖	丁洪生、周郴知、杨志兵、苏伟、刘佳
5	2009 年	现代加工技术	教育部双语教学示范课程	姜澜
6	2003 年	CAD/CAM	北京市精品课程	蔡颖
7	2003 年	工程制图	北京市精品课程	焦永和
8	2007 年	机械原理	北京市精品课程	张春林
9	2008 年	制造技术基础训练	北京市精品课程	丁洪生

续表

序号	时间	奖励 / 支持项目名称	奖励 / 支持类别	获奖人 / 完成人
10	2009 年	机械控制	北京高等教育精品教材建设重点项目	张之敬
11	2009 年	工程训练教学团队	国家级优秀教学团队	丁洪生
12	2008 年		国家级教学名师奖	焦永和
13	2006 年		北京市教学名师奖	丁洪生
14	2006 年		北京市教学名师奖	焦永和
15	2008 年		北京市教学名师奖	庞思勤
16	2006 年		教育部机械设计制造及自动化专业教学指导委员会委员	庞思勤
17	1998 年		北京市青年教师教学基本功比赛一等奖	徐春广
18	2000 年		北京市青年教师教学基本功比赛一等奖	薛庆
19	2007 年		北京市青年教师教学基本功比赛二等奖	付铁
20	2009 年		北京市青年教师教学基本功比赛一等奖	胡耀光

1.2　工业工程专业建设

工业工程专业建设是从 1997 年教育部本科扩招开始的。为了适应教学发展的需要，机械工程及自动化系根据社会需要，开始组织力量探讨工业工程专业的可能性。筹建工作由机械工程及自动化系教学主任蔡颖、机械制造教研室主任杨志兵承担。1998—1999 年，他们考察了国内多所高校，收集了国内外工业工程办学情况；聘请原机械工程学院书记王宏甫和原管理学院院长姜文炳为顾问，制订了我校第一个工业工程专业教学计划；进行教学团队建设，组织编写教学大纲。2000 年，正式提交招生申请报告。经过学校和教育部批准，2001 年正式招生。工业工程专业定为 72 专业。

建设初期，借助于“211 工程”建设经费和世行贷款资助，以及校实验室设备处的支持、教务处专业建设资助，在北京理工大学工程训练中心四层设置了工业工程实验室，分人因实验室、物流实验室和生产准备实验室，作为工程训练中心整体大平台中的一部分，工业工程实验室称为“实训四部”。

2001 年 9 月，工业工程专业首届招生，共有学生 22 人，由阎艳老师担任班主任。工业工程专业任课教师有孙厚芳、杨志兵、阎艳、段晓峰、薛庆、焦黎等。

（1）专业发展之路。

2003 年，成功获批自拟二级学科，获博士、硕士学位授予权。

2005 年，首届毕业生毕业，毕业率、就业率、学位率均为 100%。

2006 年，成立工业工程系。系主任杨志兵，副主任薛庆、阎艳，支部书记薛庆，专业责任教授杨志兵。教师有蔡颖、段晓峰、焦黎、胡耀光、张发平、宫琳、庞愉萍、贺鸣、唐水源。

2006 年，修改教学计划，执行 2006 版培养计划。

2008 年，工业工程专业建立新的方向“费效分析”并获批国防紧缺专业。

2009 年，修改教学计划，执行 2009 版培养计划，增加了“费效分析”方向的课程。

2010 年，学院进行系部中心结构调整，将机械制造及自动化系和工业工程系整合为制造工程系，负责两个本科专业。工业工程专业责任教授为薛庆。

工业工程专业依托机械工程一级学科和工业与系统工程二级交叉学科，专业建设的定位是满足国家社会发展对高层次复合型人才的迫切需求，为我国实现制造业转型升级、建设现代工业强国的战略目标，提供专业人才保障。

① 专业建设的指导思想：以创新人才培养为目标，以国民经济发展需求为指引，以国际一流水平为标杆，以促进“两化融合”为导向，以优秀的教学团队为依托，以完善的教学理念为引导，以先进的教学方法为手段，以丰富的教学资源为保障，以完善的人才培养体系为支撑，将工业工程建设成为国际知名、国内一流的专业。

② 培养目标：为适应工业的深度发展，提高我国企业的核心竞争力，满足企业在开发、规划、管理和运作等方面的科学化要求，推动制造技术、信息技术和管理技术的综合与发展，培养掌握坚实宽广的制造工程、管理工程、数学等基础理论和系统深入的综合优化专门知识，具有现代先进制造工程背景和管理科学知识的高级复合型人才。

（2）专业实验室建设。

工业工程专业依托学校“211 工程”、“985 工程”、学校学院对专业建设的支持和国防紧缺专业建设的支持，建立了专业实验室，支持专业课程实践环节的运行以及学生课程设计、毕业设计和课外创新活动。实验室总面积约 400 平方米，设备台套总数约 128，价值 800 万元。

① 人因实验室：实验仪器近 40 种，可开设心理物理学实验、心理特点测定实验、感觉知觉实验、信息加工实验和心理现象演示实验等，工业工程专业“工效学”的课程实验，制造过程综合实验，全校实验选修课“基于人因工程的人的生理心理特性研究”，工业工程专业的专业课程设计和毕业设计。

② 物流实验室：是由德国 FASTO 公司生产的模块化教学系统。系统由 8 个模块化生产单元（Workstation）、多条输送工件的传送带、两台自动导引小车（AGV）和两个自动化立体仓库组成，可以进行单一功能的实验，如生产单元的模拟加工，AGV 小车对工件的抓取、沿指定路线运送和放置工件等。也可以作为一个整体系统进行生产和物流实验，根据实验的需要，还可以对现有的硬件系统进行重新

组合，以实现不同的生产和物流过程的模拟。目前承担工业工程专业“物流工程”课程实验、专业课程设计和毕业设计。

③ 生产准备实验室：集设计、管理、硬件储存及组装于一体的自动化工装准备系统，从工装物流和信息流的角度模拟生产准备的运作，包括工装组装平台、工装自动化立体库和工装运输系统等硬件，并配有工装自动设计系统、库存管理系统和立体库控制系统等软件，可以进行计算机辅助工装设计、库存系统管理、工装模拟组装及示教环境下的实物组装，并可以依据不同的物流方案模拟控制生产准备系统的运行状态。

④ 费效分析实验室：有台式电脑、服务器、交换机、投影机及电动投影屏幕等硬件和项目管理软件、企业资源计划软件、质量功能展开软件、综合评价与决策软件、数据库软件、质量监测系统软件，可开展装备方案论证预测与决策、装备使用和维修保障预测与决策、装备寿命周期费用预测与决策、装备项目风险预测与决策、装备采购预测与决策、装备退役报废预测与决策等环节的实验教学。目前该实验室合并到学院地面机动装备实践教学中心。

另外，专业建立了校外实践基地。多年来与北京华北光学仪器厂（218）、北方车辆（618）、山西淮海机械厂、安徽奇瑞汽车公司、北京尼码克焊钳技术有限公司、北京三一重工、SMC公司、北京现代汽车、北京图书物流公司、广西玉林柴油机有限公司、北汽新能源汽车有限公司、北京汽车制造厂有限公司等多家企业建立合作关系，支持学生课程设计、毕业设计、生产实习等教学环节。

（3）人才培养。

在教育教学一体化理念的指导下，坚持四年内专业引导不断线，体现在：大一入学，由责任教授做“工业工程专业教育”报告，让学生认识了解本专业特点、专业培养目标、工业工程的职能、企业对工业工程人才需求等；大二一开始，开设“工业工程系列讲座”，让学生了解当今工业工程主要研究领域，然后开设“人因实习”，让学生亲自参与实践活动；大三进行认识实习，由专业教师带学生参观知名企业；大三后全面进入专业课学习，建立本科生导师制，为每一位学生指定专业导师，明确导师职责，并开始实施。导师和学生定期交流，为学生做进入专业后的引导工作，并直接指导大四毕业设计。这样的连贯便于师生交流，便于学生系统了解教师的科研方向，尽早进入研究领域。

配合上述人才培养思路，以学校教改立项为依托，针对工业工程专业的几门核心课程，实施研究型教学，形成研究型课程体系（表 3）。

表 3　工业工程主要课程教学实施概况

课程名称	教学方式	考核形式	大作业形式	平时考核
生产运作与管理	课堂讲授，文献阅读，小组课堂讨论，小组 PPT 展示，小组实验，教学案例	考试，大作业，平时成绩，论文	各小组进行有关选题研究，最终编出软件，形成大报告并进行 PPT 展示	考勤，实验报告，课堂讨论
工效学（双语）	课堂讲授，文献阅读，小组课堂讨论，观看教学视频，QQ/IE 论坛在线讨论，教学案例	考试，大作业，平时成绩，论文	各小组进行工效学有关选题研究，最终形成报告并进行 PPT 展示	作业，实验报告，课堂讨论和网络教室表现
物流工程	课堂讲授，文献阅读，课堂讨论，观看教学视频，教学案例	考试，大作业，平时成绩	个人完成：① 撰写一篇与物流有关的文献综述；② 观看物流有关视频之后提出自己的优化改进意见并形成报告；③ 用软件制作一维和二维条码	课堂表现，考勤和课后作业
技术经济学	课堂讲授，课堂讨论，教学案例	考试，大作业，平时成绩	根据所给工厂现有生产条件，每个人撰写某某厂生产方案报告	考勤，课堂讨论
运筹学	课堂讲授，文献阅读，小组课堂讨论，小组 PPT 展示，游戏	考试，大作业，平时成绩	个人运用求各点最短路径的方法，制作一个城市间最短路径的软件；上机报告	课后作业，学习过程

续表

课程名称	教学方式	考核形式	大作业形式	平时考核
计算机仿真技术（双语）	课堂讲授，课堂讨论，实验，观看教学视频	考试，大作业，平时成绩	个人运用EMPLANT软件进行晶圆检测的仿真	考勤，作业
应用统计学	课堂讲授，手机实时统计互动，案例分析，软件演示，报告及论文	考试，大作业，平时成绩，论文	针对实际商业和工业案例，进行数据统计，分析关系并预测等	作业，手机实时统计互动

① 研究型课程体系建设。

针对不同课程采用研究式、案例式、项目式、探究式等多种教学模式的专业课教学。

运筹学课程是我校首批研究型课程，在大二第二学期开始，始终以系统的理论体系、丰富的应用案例、灵活的授课方法实施教学，尤其是课程的考核以学生用 C 语言开发软件，有针对性地采用某具体算法解决实际问题。除笔试考试外，考核还包括学生在校园内公开展示自己的软件作品，所有观众都可以参加评分。这样做极大地调动了学生的积极性，也促进学生努力将作业完成得更好。

工效学课程是双语课，考试方式包括作业、实验、外文翻译、大作业（项目报告）、笔试。学生大作业除课堂教学内容外，还增加了外文文献阅读、外文翻译、课堂文献（包括视频）讨论。结合对学生学术能力的培养，课堂上教师经常结合课程内容，讲期刊上的学术文献，有时给学生每组发一篇（不同文献），组织讨论，让学生既了解课程理论如何联系实际，又看到了知识的应用前沿，同时也知道了学术文献的撰写规范。课程考试采用笔试与大作业、课堂答辩结合的形式，多年来取得了良好的效果。该课程以“面向企业应用，以企业案例为驱动的工效学研究型双语课程建设”为主题获批学校的教改立项重点项目。

生产运作与管理课程是校第二批研究型课程，课程的实施紧密结合企业真实需求，利用网络平台，渐进式地将知识和应用引入课程内容中，实现理论与实际结合、经典的计算与计算机软件结合、课堂讲授与参观学习结合。

② 过程管理、改革考试模式。

在课程考核环节，多数专业课程以过程为主，弱化了最后的笔试考试，采用平时作业、实验报告、笔试试卷、大作业、项目报告、分组课堂答辩等多种环节综合考核的方式，强化过程管理，注重学生学习过程的考核。这种方式锻炼了学生的研究能力、协作能力、论文写作能力等，综合提高了学生分析问题、解决问题的能力。这种灵活的教学方法和手段重视学生的学习主体地位，使学生获得相关知识，实现理论与实践相结合；提倡和鼓励观点碰撞，适当引导标新立异，不求答案的唯一性；倡导教学目标的多元化，在传授知识的同时重视培养能力、训练思维，尤其是创新能力和思维。在平等的教学关系中，这种方式实现了师生互动、教学相长。

经过多年的探索与实践，工业工程专业以国际化的视野、鲜明的专业特色、优秀的教学团队建立了良好的专业文化，促进了人才培养。近年来，学生积极参加各类实践活动，曾获全国大学生机械设计大赛一等奖两项、1 人获“挑战杯”奖 1 项，多人在学术期刊及会议上发表论文。每年校内外及出国读研累计 60% 左右。

学生积极参加学校国际化合作交流项目，案例驱动、面向问题的学习、研究能力的培养为学生顺利适应国外的学习生活奠定了非常扎实的基础。

工业工程专业的本科毕业生毕业率很高，就业面覆盖了包括生产运作管理、物流、质量、计划等工业工程相关领域，工作行业涵盖制造业、电子与信息行业、原材料行业、电信行业、消费品行业、银行服务业等，如一汽集团、中国商飞、西门子、联想、爱国者、宝洁、海信、玛氏、中国农业银行等，在社会上拥有较高的声誉。

2. 学科发展

新世纪初的十年，学科建设取得了长足的进步。

（1）紧跟国家发展步伐，满足人才需求，扩展制造学科领域与研究方向。

2001 年，申请并获批了“机械制造及自动化”北京市重点学科，为制造学科的发展奠定了一个良好开端。同年，申请并获批了“机械制造及自动化”国防科工委重点学科，为制造学科在国防科技工业领域的发展奠定了良好基础。学科方向及学科带头人见表 4。

（2）2003 年，申请并获批了“工业工程”二级学科（机械工程一级学科下自拟设立），蔡颖教授为学科带头人，为制造学科与管理学科的交叉发展奠定了良好基础。

表 4　机械制造及自动化国防重点学科各学科方向及学科带头人

学科方向	带头人	学术骨干	主要子方向
数字化设计、制造技术	宁汝新	蔡颖、唐承统	1）快速研制系统技术。 2）机械系统动力学仿真技术。 3）柔性化工装配及快速生产准备技术。 4）虚拟制造技术
制造自动化与机器人技术	张建民	陆际联、赵占芳	1）面向复杂三维曲面测量与加工的并联装置（机器人）系统的研究与开发。 2）军用智能机器人的研究与开发。 3）制造过程的计算机控制和监控检测技术的研究
绿色制造工程	王西彬	闫克平、贺鸣	1）绿色加工技术研究。 2）连续性化工生产的绿色工程技术研究。 3）绿色装备技术研究。 4）绿色制造的系统技术
精密加工与检测技术	庞思勤	徐春广、周兰英	1）精密加工与检测技术 2）超高速切削技术 3）军用难加工材料精密切削和刀具技术 4）纳米涂层与固体润滑技术
微机械制造技术	张之敬	石庚辰、张为民	1）微机电系统与智能信息处理技术、多传感器信息融合技术。 2）微小型机械制造系统技术。 3）微机械制造检测和装配技术，重点研究微小型器件检测和装配工艺技术

（3）2007年，申请并获批了“精密与微纳制造”国防紧缺学科（二级学科），为制造学科在国防科技领域的创新发展奠定了良好基础。精密与微纳制造国防紧缺学科方向及带头人见表5。

表5 精密与微纳制造国防紧缺学科方向及带头人

学科方向	带头人	主要子方向
微纳加工理论和方法	姜澜、王晓力	1）超短激光建模理论与技术。 2）超短激光微加工技术。 3）微纳米表面工程相关理论与技术。 4）硅微器件的微细加工工艺与尺度效应问题
精密微细加工系统、设备与工艺技术	张之敬、王西彬	1）精密微细加工设备与工艺技术。 2）精密微细特种加工设备与工艺技术。 3）精密、超精密加工工艺与刀具技术。 4）非硅MEMS加工工艺技术
精密微细自动检测	徐春广、张卫民	1）微结构件计算机显微光学检测技术。 2）微小型结构及系统物理特性的微检测技术。 3）高承载微小型武器及器件实验技术。 4）微纳结构测试理论与技术
微小型系统集成制造与试验	黄强	1）微小型武器系统设计、制造集成技术。 2）微系统设计制造仿真与试验技术。 3）微装配与封装技术

3. 师资队伍建设

2001年以来，为建设国防和国家一流的科学研究与人才培养的学科基地，机械制造及自动化系进行了高水平人才的引进和培养，打造了一流教学科研队伍。

① 建立了国际一流的长江学者团队：姜澜、蔡海龙。

② 与国内外高水平学者及团队建立长期稳定的交流与合作关系。

顾问教授：卢秉恒、徐滨士。

国内兼职教授：冯诚、吴伟仁、吴复兴、谈凤奎、杨海成、郭恩明、单忠德。

国外兼职教授：高增洁、杜波夫、吴勇波。

③ 有广泛交流的国际知名大学。

日本东京工业大学：由马树元教授组织，每两年举办一次 BIT-TIT 机械学科学术交流会。

日本东北大学：由王西彬教授主持，共同举办了多次精密微纳加工技术交流会，并引进了制造学科最年轻的周天丰教授。

英国伯明翰大学：由张之敬教授组织，举办多次微纳制造学术交流，并签订了北京理工大学精密微细结构加工技术研究应用中心—伯明翰微纳加工技术中心合作协议。

日本东京大学：由张之敬教授组织，举办了多次精密微纳检测技术学术交流和讲座。

④ 教师队伍中优秀人才的培养。

徐春广、阎艳、胡洁和李欣先后获教育部新世纪优秀人才；刘检华获得中组部青年拔尖人才。

⑤ 创新团队的建立。

以姜澜教授为带头人获批了教育部创新团队。

2010 年 5 月 20 日，机械与车辆学院行政发文（机械〔2010〕09 号），整合机械制造及自动化系、工业工程系、机电一体化中心，组建制造工程系，并下设先进加工、微小型制造、数字化制造、工业工程、激光微纳制造、检测与控制、机电系统与装备共 7 个研究所。

制造工程系负责人如下：

主任：马树元教授；副主任：张卫民教授、薛庆副教授和刘检华副教授。

制造工程系机构设置及负责人：

① 先进加工研究所 所长：王西彬教授。

② 微小型制造研究所 所长：张之敬教授。

③ 数字化制造研究所 所长：宁汝新教授；副所长：张旭副教授。

④ 工业工程研究所 所长：胡耀光副教授。

⑤ 激光微纳制造研究所 所长：姜澜教授；副所长：陈强华

讲师。

⑥ 检测与控制研究所 所长：徐春广教授；副所长：肖定国副教授。

⑦ 机电系统与装备研究所 所长：马树元教授。

新组建的制造工程系共 57 人，人员名单如下：

① 先进加工研究所：王西彬、庞思勤、赵文祥、刘佳、焦黎、解丽静、刘志兵、李忠新、杨洪建、蒙爱平、池隆庆。

② 微小型制造研究所：张之敬、张卫民、张虎、金鑫、叶鑫。

③ 数字化制造研究所：宁汝新、唐承统、张旭、王爱民、刘检华。

④ 工业工程研究所：阎艳、杨志兵、薛庆、贺鸣、段晓峰、胡耀光、张发平、王国新、宫琳、刘敏霞、庞愉萍。

⑤ 激光微纳制造研究所：姜澜、周兰英、陈强华、李欣、王素梅。

⑥ 检测与控制研究所：徐春广、肖定国、郝娟、周世圆、孟凡武、赵新玉、胡大勇、贾玉平。

⑦ 机电系统与装备研究所：吴平东、马树元、唐水源、陈之龙、左建华、卢继平、樊红丽、龙震海、毕路拯、黄杰、刘莹、杨蕾。

4. 实验室建设

“211 工程”“985 工程”建设使机械制造学科研究实验基地在新时期的跨越发展登上了第一级台阶。从 1996 年开始的“211 工程”一期建设开始到 2009 年“211 工程”三期、2011 年“985 工程”三期建设，机械制造学科与军用车辆学科、动力学科等共同建设，同时参与航空宇航科学技术学科建设，主导精密与微纳制造学科建设（国防科工委支持建设）、先后在实验基地建设中投入了 2 600 多万元，使实验室的建设上了一个前所未有的台阶。

随着机械制造学科（包括机械制造及自动化、工业工程、航空宇航制造工程、精密与微纳制造、光机电微纳制造）研究方向的发展，至“十一五”末，逐步建成了先进加工、微小型制造、数字化制造、工业工程、激光微纳制造、检测与控制、机电系统与装备等 7 个特色鲜明、对学科发展和科研教学具有重要支撑作用的实验室。

在此基础上，教师们努力建设了多个重点实验室。

① 先进加工技术国防重点学科实验室（表 6）。

2007 年，获批先进加工技术国防重点学科实验室，为省部级实验研究基地。其获批的四个研究方向见表 5。实验室的学术委员会主任：卢秉恒院士；副主任：宁汝新教授。实验室主任：徐春广教授；副主任：王西彬教授和姜澜教授。

表 6　先进加工技术国防重点学科实验室研究方向

研究方向	带头人	主要子方向
军用难加工材料精密加工理论与方法	王西彬	军用难加工材料加工工艺、刀具、微切削刀具、高速切削、切削工艺数据库等
微米 / 亚微米级特种加工新工艺理论与设备技术	姜澜	飞秒激光时域整形微纳制造、激光与物质相互作用理论与建模、激光微纳加工结构加工、精密及超精密微小型结构加工检测与装配技术等
加工质量监控检测技术	徐春广	加工过程监测与质量控制、复合材料超声检测、材料成型过程缺陷检测、超声改性、故障诊断技术等
复杂构件形廓与尺寸测量技术	马树元	基于光学图像的微结构检测、微纳米测量、非球面高精度测量、模式匹配方法等

② 国防科技工业微细结构加工技术研究应用中心。

国防科工委于 2007 年 12 月下达批文，2008 年元月举办了“国防科技工业微细结构加工技术研究应用中心”成立大会。中心任务是针对国防行业的重大需求，进行精密微细结构和系统加工、检测、装配、仿真和实验技术的研究开发、应用示范、咨询服务和交流培训工作。

中心理事会由北京理工大学、中国兵器工业集团公司第 304 厂、中国兵器工业集团公司第 212 研究所、哈尔滨工业大学、清华大学、中国兵器工业集团公司第844厂、中国兵器工业集团公司第804厂、中国兵器工业集团公司第203研究所、中国兵器装备研究所、中国航天时代电子公司集团公司230厂、中国船舶重工集团公司第707研究所、中国兵器工业集团公司第214研究所、中国兵器工业集团公司第205研究所组成。

5. 科研经费大幅增长

进入新世纪以来，机械制造学科抓住国防科技工业跨越式发展、国家大力加强基础科研的有利时机，瞄准国家重大发展需求和科技发展前沿，注重从工程实践中提炼科学问题开展高水平基础研究，相继主持承担了民口“973计划”项目、国家安全重大基础研究项目（国防“973”）、“高档数控机床与基础制造装备”科技重大专项课题、国家自然科学基金项目、国防基础科研项目等一批有影响力的科研项目，与装备制造、汽车运载、工程机械、能源动力、机床工具等国家重点行业，特别是核、航天、航空、船舶、兵器、军用电子等国防科技工业企业建立了良好的“产学研用”合作关系。年科研经费从“九五”期间不足100万元提高到“十一五”末的2 000多万元，制造工程系的年平均科研经费增长了20多倍。十年来，系里人均科研经费在整个学校系级单位中名列前茅，充足的科研经费既表明制造工程系为国家和国防科学技术事业所做的贡献，同时为人才培养特别是青年教师和研究生培养提供了良好的条件和锻炼机会。

八、迈入智能化发展期（2011—2015年）

北京理工大学机械制造专业在深耕传统专业的同时，不断拓展，开展机电一体化，引入 CAX 先进加工制造技术，结合系统工程、工业工程促进复合型专业和复合型人才发展，探索大机械，与信息化及国家两化融合战略对接建立两化融合前沿研究所。

2011 年以来，机械制造专业被进一步赋予了更多的智能化内涵，专业、学科、实验室、师资与人才培养方面都实现了很大发展。

2011 年，申请并获批光机电微纳制造交叉学科北京市重点一级学科，为制造学科在交叉研究领域的创新发展奠定了良好基础，其中一级学科带头人是姜澜教授。

2012 年，申请并获批工业与系统工程新兴交叉学科工业与信息化部重点二级学科，学科带头人为阎艳教授，为制造学科在交叉研究领域特别是工业工程领域的创新发展奠定了良好基础。

在 2012 年的教育部学科评估中，制造学科所属的机械工程一级学科排名全国高校第八，获批一级学科国家重点学科；在 2012 年的工业和信息化部重点学科评审中，制造学科所属的机械工程学科获批“两化融合”类重点学科。2012 年，按照教育部《普通高等学校本科专业目录（2012 年）》，机械工程及自动化专业更名为机械工程专业。

学科研究领域和方向的拓展充分体现了先进制造技术的交叉性和国家、国防需求的迫切性，同时也为我校制造学科专业的发展增添了新的羽翼，使机械专业在国家科学技术蓬勃发展的大环境中获得快速发展。

2015 年，制造工程系完成了“中国制造 2025——制造工程系的研究基础和发展规划”论证工作，完成了“GF 强基工程基础工艺及高端装备专项综合论证报告”工作，完成了“中国制造 2025 制造业创新中心”论证工作。这些工作，为进一步拓展智能制造、服务国家“制造强国”战略做出了前瞻性安排。

1. 专业建设

1.1　机械工程专业建设

（1）专业培养目标。

2012年，为了适应全国工程教育专业认证通用标准和机械类专业补充标准的要求，专业对2009版培养方案进行了局部修订，形成了2012版培养方案和相应的教学大纲。

2012版专业培养目标：面向国家建设与科技发展需求，培养德智体全面发展，具有科学素养、工程素养和人文素养，具备机械工程领域的专业基础知识、研究应用能力、创新意识、组织协调能力、工程实践能力，具有国际化视野，能够在机械工程、国防科技工业领域从事产品设计、制造和生产管理的高级工程技术人才。

2012版培养方案规定，学生最低毕业学分应达到194.5学分。其中，人文社会科学类通识课程30学分，数学与自然科学类课程35学分，工程基础类课程22.5学分，专业基础类课程32学分，专业类课程12.5学分，工程实践类课程共计62.5学分。

（2）实施教育部“卓越工程师教育培养计划”。

为贯彻落实《国家中长期教育改革和发展规划纲要（2010—2020年）》和《国家中长期人才发展规划纲要（2010—2020年）》，教育部于2010年启动了“卓越工程师教育培养计划”。这是一项促进我国由工程教育大国迈向工程教育强国的重大举措，旨在培养造就一大批创新能力强、适应经济社会发展需要的高质量各类型工程技术人才，为国家走新型工业化发展道路、建设创新型国家和人才强国战略服务。

机械工程专业2011年获准实施教育部“卓越工程师教育培养计划”，专业遵循“行业指导、校企合作、分类实施、形式多样”的原则，制定了专业本科（3+1）卓越工程师培养标准、培养方案、指导性教学计划进程、培养标准实现矩阵、企业学习阶段培养方案、教师工程经历培训方案，聘任企业工程技术人员担任专业兼职教师。

结合“卓越工程师教育培养计划”的实施，专业依托北京现代汽车有限公司、北京 SMC 有限公司、北京第一机床厂、北京三一重工公司、中国一拖集团有限公司、广西玉林柴油机厂等企业建立了校外实习基地，依托航天科工二院、航天科技五院、北方车辆集团公司等企业建立了“产学研用”基地，通过安排生产实习、课程综合设计和毕业设计（论文），使学生深入具体了解生产设备、生产工艺、机械工程产品的种类及其制造特点，结合工厂实际进行课程综合设计和毕业设计（论文），不仅极大地开阔了本科生的工程视野，提高了工程实践意识和创新意识，而且对专业课程教学产生了极大的推动作用。

2014 年以来，在学院就业指导中心的组织下，机械工程专业、工业工程专业、机械工程全英文教学专业选拔学生赴重庆长安汽车、广州东风日产、深圳华星光电、北京戴姆勒奔驰汽车、北京现代汽车等企业进行暑期实习，不断探索生产实习和实践教学的新模式。

为了实施好“卓越工程师教育培养计划”，制造工程系老师积极就此计划对外开展调研学习交流活动。例如，2015 年 1 月，教务处赵昊、机械工程专业刘志兵参加了大连理工大学举行的“全国卓越工程师人才培养计划工作交流研讨会”。

结合“卓越工程师教育培养计划”的实施，机械工程专业、工业工程专业、机械工程全英文教学专业联合申请并获批了教育部牵头组织、西门子公司负责实施的“2014 年西门子公司产学合作专业综合改革项目”，西门子工业软件公司向制造工程系捐赠 UG NX 软件 150 套、Teamcenter 软件 50 套，用于支持机械制图、机械原理、机械设计、计算机辅助设计与制造、机械制造工程学、专业课程设计等课程的实践教学，在此基础上双方共同探索产学合作的人才培养模式。

为开阔学生的工程视野，连续多年组织本科生参观中国国际机床展览会，近距离接触功能完善、性能卓越、外形美观的数控机床、功能部件、检测仪器、切削刀具和 CAD/CAM 软件，极大地增强了专业兴趣和学习热情。以此作为载体开展的专业实践教学，为数控技术、机械控制工程基础、机械制造工程学、机械制造装备设计、计算机辅助设计与制造等专业课程的课堂教学提供了强有力的支撑。

（3）全国工程教育专业认证准备和持续改进。

《华盛顿协议》是世界范围最具影响力的国际本科工程学位互认协议，该协议提出的工程专业教育标准和工程师职业能力标准，是国际工程界对工科毕业生和工程师职业能力公认的权威要求。

2012年以来，在教务处和学院的安排下，机械工程专业按照《华盛顿协议》的要求，积极开展全国工程教育专业认证的准备工作。认证准备过程中，注重引入成果导向教育（Outcome Based Education，OBE）理念，以学生为中心，适应工程教育专业认证要求开展专业建设和教学，完善了学生学习指导、职业规划、就业指导、心理辅导，对学生在整个学习过程中的表现进行跟踪与评估，建立了专业培养目标达成度的定期评价制度，并邀请行业和企业专家参与，将专业毕业要求具体化为多项能力指标点并落实在具体的教学环节中，建立了完善的教学过程质量监控机制、毕业生跟踪反馈机制以及有高等教育系统以外有关各方参与的社会评价机制，聘请企业导师参与课程建设和讲授，为提升学生的工程创新能力和实践能力进行了探索和实践。

建立了持续改进的信息交流和反馈机制（图11），确保来自教学督导、学生评教、应届生座谈、往届生座谈、往届生问卷调查、用人单位走访、第三方评价等方面的评价结果能够及时、有效地反馈给责任教授、任课教师、实习指导教师等相关人员，进而应用于培养目标、课程体系、课程建设、师资队伍、支持条件等的持续改进。

每年的毕业设计（论文）答辩结束后，举行由应届毕业生代表、责任教授、任课教师代表、教学干事、辅导员等参加的应届毕业生座谈会。参加座谈会的应届毕业生具有一定的代表性：包括专业成绩排序靠前的推免生、科技创新活动获奖的推免生、考取研究生的学生、赴制造类企业就业的学生、赴国外大学留学的学生、具有赴国外交换学习经历的学生。座谈会针对课程设置、教学计划、课堂教学、课外

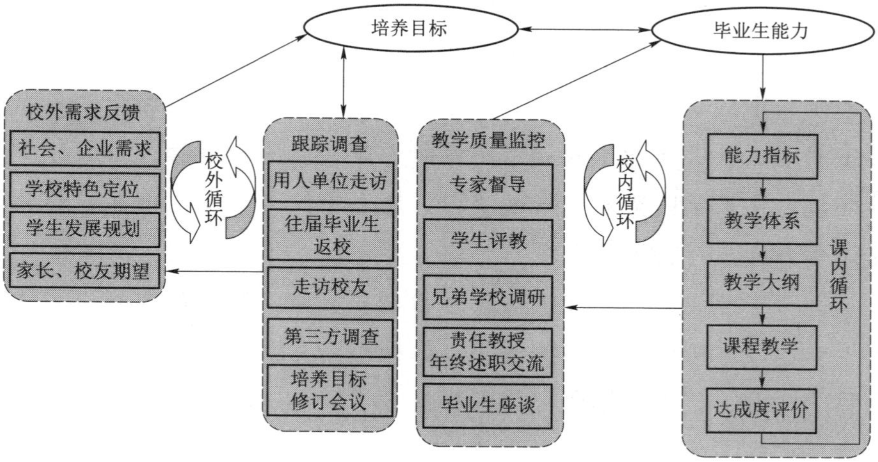

图 11　专业教学质量持续改进机制

指导、实验教学、生产实习、毕业设计（论文）、教学管理等教学过程的主要环节，以及专业引导、职业规划、就业指导、心理辅导等教育环节，请应届毕业生客观地对专业的教学和管理工作提出意见和建议。

毕业校友在工作实践中的信息反馈，是学校、学院及专业改进人才培养和教学工作的重要依据。通过座谈交流和填写调查问卷的形式，了解毕业生的工作情况，请毕业生从教师的教学水平、教学基础设施、实践教学条件、学习风气、就业竞争力、实际工作中的工程创新能力、在团队中的作用、解决复杂工程问题的能力、就业的主要影响因素等方面对教学工作提出意见和建议。学院领导和专业教师在出差公务活动期间，走访、看望当地校友，与校友联谊、座谈，向校友通报学校、学院和专业的建设与发展情况，征求校友对学院、专业的办学意见。

为进一步拓宽毕业生就业渠道，增加与用人单位之间的沟通与互动，深入了解社会和企业需求，并提升毕业生就业服务质量，同时巩固和建立新的就业或实习基地，促进毕业生在地域和行业上的合理分布，学院领导、学院就业指导中心、专业教师按照学校就业工作要点和统一部署，定期开展用人单位就业走访。走访地区和目标单位根据学院、专业特色和就业情况确定，考虑到毕业生的就业期望和学校的服务面向定位，以国家重点企事业单位为主。学院和专业近年来分别赴山东、重庆、天津、福建、广东、四川、宁夏、新疆等毕业生比较集中的地区开展毕业生就业走访调研工作，与用人单位人力资源部门领导就近年来学院毕业生发展情况、用人单位对毕业生培养的意见和建议等方面进行深入的交流。

针对毕业设计（论文）的过程管理和质量监控，在学校和学院制定了毕业设计（论文）检测要求，机械制造专业又增加了工程设计类题目的比例，技术科学研究与工程技术研究类、软件开发类题目注重结合工程背景，聘请企业导师参加毕业设计（论文）的命题和指导，提高学生毕业设计（论文）的完成质量和综合运用专业知识的能力。

为了理解好、贯彻好成果导向教育理念，老师们积极开展学习交流及研讨活动。例如，2015 年 7 月，教务处曹峰梅、机械与车辆学院阎艳、冯慧华、薛庆、张旭等老师及 10 余名学生赴香港理工大学、香港中文大学、香港科技大学开展了成果导向教育的专题交流活动。2015 年 10 月，刘志兵、薛庆参加了在我校举行的全国高校教学发展网络年会，并做会议报告。2015 年 11 月，薛庆、卢继平、张旭等老师参加了在河南洛阳举行的全国高校机械类课程教学系列报告会，并做会议报告。

（4）专业建设和学生培养的国际化。

学院明确了以国际化的教学模式开展专业建设，在课程设置、教学方法、师资能力等方面与国际接轨，提升专业教师建设和讲授全英文课程能力的思路。结合学校启动的全英文教学专业建设，学院 2011 年提出了国际化人才培养的“FISC”理念（教师的国际融合、学生的跨国界流动、课程的国际同步、学术研究的国际合作），开设了机械工程全英文教学专业，成立了由学术负责人唐水源教授、专业责任教授张旭和小组成员组成的专门工作小组，马树元、王文中、王晓力、薛庆、解丽静、黄杰、宫琳、赵新玉、罗会甫等多位教师担任全英文课程的任课教师。专业建设过程中，制定了专业建设目标和发展规划，注重以国际化的办学思想和教学模式开展全英文专业建设，在课程设置、教学方法、师资能力等方面与国际接轨，围绕建设目标、专业定位、课程体系、研究型教学方法、实验条件建设等方面开展了一系列的探索和实践，得到了国内外高校、学生的认可。例如，2011 级首批招收的 30 名同学中，有 27 名同学毕业后进入美国加州大学伯克利分校，德国亚琛工业大学、柏林工业大学、卡尔斯鲁厄理工大学等国际知名高校攻读研究生。

为了适应经济全球化和教育国际化的发展趋势，专业在教务处和学院的支持下不断推动本科生国际（境外）交流。结合《华盛顿协议》框架下工程教育专业认证工作的开展，专业逐步建设了国际实质等效的课程体系，鼓励和引导学生在本科阶段赴境外伙伴学校学习、实习、实践或毕业设计（论文），期间所完成的学习成绩经认定，记入学习档案，从而为学生赴国外（境外）读研创造有利机会。例如，2015 届毕业的 95 名学生中，28 名学生赴美国卡内基梅隆大学、德国卡尔斯鲁厄理工大学、意大利都灵理工大学、法国图尔大学、莫斯科鲍曼国立技术大学、瑞典查尔姆斯理工大学、澳大利亚国立大学等国际一流大学攻读研究生，占比达到 29.5%。

1.2　工业工程专业建设

2011 年，工业与系统工程二级交叉学科获批。

2012 年，工业与系统工程二级交叉学科获批工信部重点学科。

2013 年，学校实行大类招生，工业工程专业归入机械工程（类）招生。

自 2009 年以来很多学生参加学校双学位、访学、交换生、海外毕业设计等项目，还有一部分学生在毕业后去海外读研。

2. 学科发展

（1）2011 年，申请并获批光机电微纳制造交叉学科北京市重点一级学科，为制造学科在交叉研究领域的创新发展奠定了良好基础，其中一级学科带头人是姜澜教授，具体见表 7。

表 7　光机电微纳制造交叉学科北京市重点一级学科方向及带头人

学科方向	带头人	学术骨干	主要子方向
激光微纳制造理论与应用	姜澜	程灏波、蔡海龙	1）纳 / 飞秒双激光加工技术 2）超快激光与材料相互作用理论建模
微纳检测技术	徐春广（申报时）张卫民（定岗时）	张卫民、马树元	1）微结构 / 器件的几何检测及表面质量检测 2）变磁场激励环境下微小型结构件的缺陷磁成像方法研究
微系统设计、制造与集成	张之敬（申报时）石庚辰（定岗时）	石庚辰、刘娟	1）多维、高转速、精密数控微小型结构切削加工设备、复合加工设备研究 2）基于制造系统特性的数字化仿真技术研究
微纳光电器件	赵维谦	郝群、邓罗根	1）大尺度、高空间分辨率的纳米级层析成像测试方法与装置研究 2）微纳光纤传感器以及超分辨成像理论研究
微纳材料设计及制备	曲良体	曹敏花、高春清	1）微 / 纳结构的微观构成机理研究 2）基于微 / 纳新材料电能 – 机械能转换系统、化学能 – 机械能转换系统研究

（2）2012 年，申请并获批工业与系统工程新兴交叉学科工业与信息化部重点二级学科，学科带头人为阎艳教授，为制造学科在交叉研究领域特别是工业工程领域的创新发展奠定了良好基础。

（3）共建了机械电子工程和微小型武器系统两个二级学科，具体如下：

① 机械电子工程。

为了拓展制造学科的研究方向，发展交叉创新的研究领域，机械与车辆学院与机电学院共建了“机械电子工程”二级学科，并于 2006 年学科评审中被评为国家重点二级学科，带头人是机电学院的李科杰教授，机械工程系有徐春广教授、陆际联教授、马树元教授等参加建设。

② 微小型武器系统。

针对国际上微小型武器系统技术的快速发展，机械制造及自动化系参与机电学院牵头于2003年开始筹建“微小型武器系统”二级学科（武器系统与运用工程为一级学科），并得到“211”二期的资助，建设负责人为李科杰教授。机械制造及自动化系微小型机械制造技术作为四个学科方向之一参与建设，方向带头人为张之敬教授。该方向的确立，为微制造技术的快速发展起到了良好的激励和支持作用。

（4）中国制造2025、智能制造探索与发展。

为了适应新的工业、制造与技术科研形势，制造工程系不断就中国制造2025、智能制造等展开调研与研究工作。

2015年7月，庞思勤、冯慧华、刘志兵参加了在河北秦皇岛举办的“教育部高等学校机械类专业教学指导委员会2015年工作会议”，交流和研讨了机械工程专业如何适应中国制造2015、互联网+、智能制造等新时期工业发展的需求。

2015年11月，制造工程系阎艳、胡耀光、张发平、闻敬谦、郝佳、卢继平一行6人，赴湘潭627厂开展智能工厂调研工作。通过调研，了解了627厂开展“强基工程”建设的目标，协助企业梳理了智能工厂建设的主要思路、需要解决的具体技术问题等。

3. 获奖情况

（1）赵自强在北京市高校青年教师教学基本功比赛中获二等奖。

（2）制造工程系教师积极参加教育部、北京市教学委员会组织的教育教学成果、精品课程、双语教学示范课程、青年教师教学基本功比赛、教育教学改革立项项目等，取得了丰硕的专业建设成果（表8）。

表 8　获得的教学奖励和支持

序号	时间	奖励 / 支持项目名称	奖励 / 支持类别	获奖人 / 完成人
1	2012 年	基于“一体化”管理模式的工科大学生职业生涯教育研究与实践	北京市高等教育教学成果二等奖	阎艳、刘莹、王泰鹏、张辉、张卫正
2	2012 年	坚持工程训练内涵建设，不断深化实践教育教学改革	北京市高等教育教学成果二等奖	丁洪生、付铁、苏伟、张卫民、薛庆
3	2013 年		教育部机械类专业教学指导委员会委员	庞思勤
4	2013 年		教育部机械基础课程教学指导委员会委员	王晓力
5	2013 年		教育部工程图学课程教学指导委员会委员	韩宝玲
6	2013 年		教育部工程训练教学指导委员会副主任委员	丁洪生
7	2013 年	面向《华盛顿协议》的机械工程专业国际化工程教育认证体系构建	北京高等学校教育教学改革立项项目	马树元
8	2014 年		北京高校专业群教学协作委员会委员	唐水源
9	2014 年		北京高校专业群专家委员会委员	王晓力
10	2014 年	跨学科实践教学的国际化平台建设	北京高等学校教育教学改革立项项目	丁洪生

续表

序号	时间	奖励／支持项目名称	奖励／支持类别	获奖人／完成人
11	2014年	京港理工大学机械工程创新能力联合培养	教育部“香港与内地高等学校师生交流计划”项目	刘志兵
12	2015年		北京市教学名师奖	张京英
13	2015年		北京市青年教师教学基本功比赛二等奖	赵自强
14	2015年	京港理工大学机械与工业工程创新能力联合培养	教育部“香港与内地高等学校师生交流计划”项目	薛庆
15	2015年	北京理工大学第十批教改立项（第三批次）项目获得立项		刘敏霞、梁志强、刘少丽、刘莹、张旭、周世圆等
16	2015年	“C语言程序设计”在中国大学MOOC上线		薛庆
17	2015年	“CAD/CAM技术”研究生专业学位课程	北京理工大学2015年度研究生专业学位课程立项建设重点项目	张旭
18	2015年	基于成果导向教育的大机械工程专业人才培养综合改革探索	北京高等学校教育教学改革立项面上项目	胡纪滨
19	2015年	德国卡尔斯鲁厄理工大学机械学科研究生课程体系与培养模式研究	北京理工大学2015年度学位与研究教育发展研究课题立项建设重点项目	刘志兵
20	2015年	本硕博学科核心贯通课“精密制造工学基础”	北京理工大学“明精计划”	王西彬
21	2015年	发表教学研究论文2篇		刘少丽、丁晓宇

续表

序号	时间	奖励 / 支持项目名称	奖励 / 支持类别	获奖人 / 完成人
22	2015 年	首届“我心目中的好老师”评选活动	全校十佳导师	毕路拯
23	2015 年	依托京港理工大学精密加工技术合作研究的研究生创新能力培养模式构建和实践	第一届北京理工大学研究生教育成果二等奖	刘志兵、王西彬
24	2015 年	全国工程教育专业认证机械类专业认证委员会	认证专家	唐水源、刘佳

4. 教材、论文等学术成果

2015 年 7 月，刘少丽、丁晓宇两位青年教师撰写的《计算机辅助设计与制造课程实验指导书》，由北京理工大学出版社出版。

2015 年，制造工程系累计发表 SCI 论文 50 篇、EI 论文 73 篇，授权发明专利总计 32 个。

2015 年，徐春广教授主持完成的“无损检测 残余应力超声临界折射纵波检测方法”获批了一项国家标准（标准号：GB/T 32073—2015）。

5. 实验室建设

2015 年 11 月，工业工程研究所举办了北京理工大学与美国俄克拉荷马大学、普渡大学（西拉法叶）“国际系统实现联合实验室”成立暨签约仪式。俄克拉荷马大学 Farrokh Mistree 教授和 Janet Allen 教授，学院院长姜澜教授、北京理工前沿交叉科学研究院副院长阎艳教授、联合实验室学术委员会成员马树元教授和卢继平教授出席了签约仪式。联合实验室学术委员会中方（执行）主席阎艳教授、学术委员会美方主席 Farrokh Mistree 教授分别代表北京理工大学、俄克拉荷马大学签署了“国际系统实现联合实验室”合作协议；联合实验室管理委员会美方主任、普渡大学西拉法叶校区 Jitesh H. Panchal 教授代表普渡大学事先以电子签名方式签署了合作协议。

2015 年，先进加工实验室新楼完成了建设，设备仪器搬运调试完成，研究人员全部进入。

6. 科研经费大幅增长

2011—2015 年，科研经费实现大幅增长，2015 年为 10 285.39 万元。2015 年，制造工程系获批自然科学基金项目总计为 10 项，其中，郝佳、刘长猛、颜培获批青年基金，毕路拯、焦黎、敬石开、梁志强、王素梅、解丽静、叶鑫获批面上基金。2011—2015 年获批的重大重点项目见表 9。

7. 人才培养成果

制造工程系学生就业、深造和赴国外留学情况持续向好。其中，机械工程专业 2015 年毕业的 95 名学生中，保送研究生 18 名，考取研究生 22 名，就业 / 创业 26 名，28 名学生赴美国卡内基梅隆大学、德国卡尔鲁斯厄理工大学、法国图尔大学、俄罗斯鲍曼国立技术大学、瑞典查尔姆斯理工大学、澳大利亚国立大学等国际一流大学攻读研究生。工业工程专业 2015 年毕业的 44 名学生中，保送研究生 6 名，考取研究生 4 名，出国读研的 8 名。

学生在优秀毕业论文、优秀毕业生以及资金资助方面也取得丰硕成果，其中，2015 年制造工程系有超过 10 人获得不同奖项。

制造工程系支持学生独自或跟老师一起广泛参加国内外学术交流活动，据不完全统计，仅 2015 年就参加 30 个左右的不同类型学术会议，并发表论文、参加交流等相关活动。另外，不断邀请国外高校专家到我校开展学术交流。这极大地扩展了学生的视野，提升了学生的学术水平和学术参与能力。

2015 年 10 月，在学校教务处的大力支持下，由工业工程和机械工程专业的 2013 级学生组成的团队参加了由同济大学主办的第二届工业 4.0——国际大学生 3D 打印机设计邀请赛，并荣获一等奖。

表 9　2011—2015 年获批的重大重点项目

序号	项目来源	项目下达部门	项目级别	项目名称	负责人姓名	项目开始时间	项目结束时间	经费 / 万元
1	国家“973”	科技部	国家重大基础研究	激光微纳制造新方法和尺度极限基础研究	姜澜	2011.11	2016.08	3 600
2	国防“973”	总装	国家安全重大基础研究	××微小复杂结构件精密制造基础研究	王西彬	2013.01	2016.12	2 500
3	国防“973”	总装	国家安全重大基础研究	××精密结构体微应力集成组装理论与方法研究	张之敬	2014.01	2017.12	2 500
4	青年“973”	科技部	国家重大基础研究	玻璃微纳阵列高效超精密模压制造基础研究	周天丰	2015.01	2019.12	500
5	国家科技重大专项	工信部	重大项目	高强度钢、淬硬钢和高刚度铝碳化硅复合材料高速切削工艺及应用	王西彬	2009.03	2010.12	567
6	国家科技重大专项	工信部	重大项目	航空发动机叶片的缺陷和厚度自动化无损检测系统	肖定国	2014.01	2016.12	1 400
7	国家科技重大专项	工信部	重大项目	特种回转复合材料构件超声检测与完整性评估技术	徐春广	2011.01	2013.12	560
8	国家科技重大专项	工信部	重大项目	精密微小型车铣磨复合加工关键工艺技术	金鑫	2012.01	2014.12	591.5

续表

序号	项目来源	项目下达部门	项目级别	项目名称	负责人姓名	项目开始时间	项目结束时间	经费/万元
9	国家自然科学基金	国家自然科学基金委	重大集成项目	纳米尺度电子动态调控的超快激光微纳米加工新方法	姜澜	2014.01	2017.12	1 000
10	国家自然科学基金	国家自然科学基金委	杰出青年基金	激光微/纳制造	姜澜	2011.01	2014.12	200
11	国家级人才	中组部	国家级人才	超精密模具加工及精密成形研究	周天丰	2012.12	2016.11	200
12	国家自然科学基金	国家自然科学基金委	优秀青年科学基金	激光微/纳制造	胡洁	2014.01	2016.12	100
13	国家自然科学基金	国家自然科学基金委	重大研究计划重点项目	基于脉冲序列设计和共振吸收的激光微、纳跨尺度制造及其理论	姜澜	2010.01	2013.12	270
14	国家自然科学基金	国家自然科学基金委	重点项目	微细切削刀具设计理论与微铣钻刀具制造技术基础	王西彬	2010.01	2013.12	200
15	国家自然科学基金	国家自然科学基金委	重点项目	电子封装完整性超声无损检测与表征	徐春广	2014.01	2018.12	350

续表

序号	项目来源	项目下达部门	项目级别	项目名称	负责人姓名	项目开始时间	项目结束时间	经费/万元
16	国家自然科学基金	国家自然科学基金委	仪器专项重点项目	面向微小型系统装配的高精度对位检测仪研究	张之敬	2012.01	2015.12	280
17	国家国际合作	科技部	国际合作专项	多层复合非回转壳体超声无损检测与评估技术	徐春广	2011.01	2014.12	500
18	国防基础科研	科工局	重点项目	××数字化装配工艺设计与装配过程集成管理	宁汝新	2011.01	2013.12	500
19	国防基础科研	科工局	重点项目	分布智力资源驱动的××系统创新设计技术	阎艳	2011.01	2013.12	800
20	国防基础科研	科工局	重点项目	可配置知识库支撑的××智能设计系统	唐水源	2013.01	2015.12	330
21	国防基础科研	科工局	重点项目	××复杂微小型异构件高精度加工技术	张之敬	2013.01	2015.12	800
22	国家重点研发计划			“3D打印与激光制造”的激光制造部分	姜澜	2015		80 000
23	科技部04重大专项	科技部	面上项目	“典型材料切削数据库基础”项目群，共计申请14个项目，获批9个面上项目，北京理工大学2项	王西彬	2015.02		

8. 人才队伍

■ 科技部“973”首席科学家 1 名（姜澜）

■ 国防“973”技术首席 2 名（王西彬、张之敬）

■ 科技部青年“973”首席科学家 1 名（周天丰）、杰出青年基金 1 名（姜澜）、“长江学者”特聘教授 1 名（姜澜）

■ 国家“万人计划”科技创新领军人才 1 名（姜澜）

■ 国家级人才计划入选者 1 名（周天丰）、青年“长江学者”1 名（李晓炜）

■ 自然基金委“优青”2 名（胡洁、李欣）

■ 北京市优秀教师 1 名（薛庆）

■ 北京市教育名师 1 名（庞思勤）

■ 教育部新世纪优秀人才 4 名（徐春广、阎艳、胡洁、李欣）

■ 国家“万人计划”青年拔尖人才 1 名（刘检华）

■ 教授 19 名（博导 15 名），副教授 29 名

9. 党建活动

制造工程系党总支部隶属于机械与车辆学院党委，下设 3 个教工党支部，共有党员 42 名，教职工党员比例 69%。制造工程系党总支始终坚持“围绕中心抓党建，凝聚力量促发展”的总体思路，以教学科研为中心，不断加强和改进党的建设，充分发挥党组织政治核心、战斗堡垒作用和党员先锋模范作用，增强党组织的凝聚力、战斗力，为制造工程系的教学科研方面和谐稳定发展起到引导和推动作用。

九、全面发展期

（2016—2019年）

制造工程系进入了全面发展阶段，在服务国家重大战略和人才培养中，教师队伍不断壮大，拥有教职工 87 人，其中教授 22 人、副教授 39 人。制造工程系的教师们勇挑重担，在增材制造与激光制造、智能制造等前沿领域，肩负着国家中长期发展规划，“十三五”“十四五”规划等重要使命。在先进加工、微小型制造、激光微纳制造、光学仪器加工等方向涌现出 5 位首席科学家，1 人获得全国模范教师称号，先后有 27 人次分别入选“长江学者”“杰青”“国家百千万人才”等高层次人才支持计划。获批国家重大专项、国防基础加强、国家自然基金，国家重点研发计划、国防基础科研、装发预先研究等相关项目百余项，科研总经费 3.5 亿元，年人均科研经费 100 余万元。在国家自然科学奖、国家科技进步奖，教育部自然科学奖、教育部技术发明奖方面取得重大突破。人才培养质量不断提升，先后有 5 人获得学会优博奖。

1. 教学及专业建设

1.1 专业体系改革

2016 年以来，为贯彻服务中国创造、制造强国战略，结合当前及未来产业技术背景与趋势，制造工程系不断探索专业培养内涵，勇于创新、敢于突破，贯彻成果导向教育理念，加强学科交叉，注重实践动手能力，取得了丰硕成果，一批教改项目实现立项（表 10）。

表 10　被学院及学校列入教改项目的立项项目

时间	负责人	项目名称
2016 年	张旭、周世圆、刘敏霞、梁志强、刘少丽、刘莹	6 项北京理工大学第十批教改立项（第三批次）项目
2016 年	马树元	面向《华盛顿协议》的机械工程专业国际化工程教育认证体系构建
2016 年	薛庆	跨学科实践教学的国际化平台建设

续表

时间	负责人	项目名称
2017 年	姚丽亚	基于学科交叉的工业工程本科生科技创新培养模式研究
2017 年	颜培	“专业认知与拆装实习”课程教学模式探索
2017 年	孟凡武	改革机械工程专业生产实习方式，提高学生实践能力
2017 年	熊辉	机械工程专业核心课程实验教学模式研究与实践
2017 年	蒋晓蓓	面向实践能力培养的项目管理教学模式探索
2018 年	薛庆、张发平、刘莹、姚丽亚、刘敏霞、王武宏、潘勤学、张旭、郝佳	北京理工大学第十一批教育教学改革立项项目
2019 年	解丽静	有限元方法的理论、应用及 CAE 仿真

2016 年 11 月 8—11 日，北京理工大学首次开展了学科国际评估现场评估工作，机械工程被列为首批进行评估的学科。制造工程系相关研究方向也是此次学科评估的重点考察对象，其中包括激光微纳/精密微细制造基础理论与技术、军用难加工材料高效精密加工理论与工具技术、数字化制造技术、质量控制与监控检测技术、生产过程管理与控制技术等学科。由国际知名学者组成的专家组向学校反馈了对于机械工程学科评估的意见。专家组一致认为，北京理工大学机械工程学科在整体上为亚洲一流水平。

2018 年 11 月，机械工程、工业工程专业 4 位教授入选 2018—2022 年教育部高等学校教学指导委员会委员。其中，姜澜教授入选工程训练教学指导委员会委员，唐水源教授入选机械类专业教学指导委员会委员，阎艳教授入选工业工程类专业教学指导委员会委员，王武宏教授入选道路运输与工程教学指导分委员会委员。

2019年3月，经报教育部批准，北京理工大学开设“智能制造工程”新工科专业，该专业建设被列入北京理工大学、机械与车辆学院年度重点工作。王西彬教授担任新工科专业建设小组组长，组织专业教师开展专业建设工作。

1.2　培养方案和课程体系建设

2016年，机械工程、工业工程专业按照学校的统一安排对培养方案进行了修订，形成了2016版培养方案。

2017年6月，机械工程、工业工程专业5门课程被列入学院人才培养综合改革研究型课程建设（表11）。

表11　人才培养综合改革研究型课程

课程名称	专业	负责人
机械制造工程学	机械工程	焦黎
生产运作与管理	工业工程	胡耀光
数字化设计与制造	机械工程	刘检华
工效学	工业工程	薛庆
机械制造装备设计	机械工程	卢继平

2017年12月4—7日，学校接受了教育部本科教学工作审核评估。“机械制造工程学A”“机械制造工程学B”“现代加工技术”三门课程的全套教学资料接受了专家组查阅，“机械制造工程学R”接受了专家课堂听课。机械工程专业、工业工程专业的教学文档规范程度和课堂教学效果受到了专家的肯定和好评。

2017年，在教务处“双一流”本科人才培养专项的支持下，“机械制造工程学”作为优势学科所属专业核心课程开展了与世界一流专业的对标建设。

2018年，在学校“双一流”课程建设的支持下，机械工程专业核心课程“机械制造工程学”“数控技术”从课程目标、课程内容、教学模式、教材建设、师资条件、达成评价、持续改进等方面，与德累斯顿工业大学、汉诺威大学、柏林工业大学、不来梅大学等德国高校开展了对标建设。机械工程专业核心课程“数控技术”任课教师，赴澳大利亚新南威尔士大学和悉尼科技大学进行了交流。

2019 年 11 月，工业工程专业“人因工程学”“生产计划与控制”“系统创新理论与设计”“运筹学”四门课程通过了学校研究型课程认证。2019 年 12 月，“人因工程学”“生产计划与控制”获评北京市优质本科课程，薛庆、胡耀光获评北京高校优秀专业课程主讲教师。

1.3　继续实施教育部“卓越工程师教育培养计划”

2016 年 10 月，王爱民、焦黎、颜培参加了中国工程院教育委员会中国高等教育学会工程教育专业委员会和浙江大学联合主办的“面向先进制造的高等工程教育变革国际会议”暨“第 11 届科教发展战略国际研讨会”，发表教学研究论文 3 篇。

2016 年 12 月，机械工程专业向中国工程教育专业认证协会提交了 2017 年工程教育认证申请，并获得了受理。唐水源教授被增选为全国工程教育专业认证专家委员会机械类专业认证分委会委员。

2018 年 10 月，机械工程、工业工程专业教师参加了在天津举办的“第三届中国机械行业卓越工程师教育联盟会议”，加入了智能制造专业委员会，阎艳教授当选为委员。

2018 年 10 月，机械工程专业教师加入了中国机械行业卓越工程师教育联盟下属的全国机械制造教学研究会，王西彬教授当选常务理事，焦黎当选理事，并参与课程环节项规范、课程知识点建设等相关工作。

1.4　全国工程教育专业认证持续改进，并获得认证通过

机械工程专业认证工作，通过几年的细致准备以及不断的调研交流，于 2017 年 6 月 4—7 日，接受了中国工程教育认证协会组织的工程教育认证现场考察。专家组对支撑机械工程专业教学的公共平台和专业实验室等进行了实地考察和走访，对公共基础课、专业基础课、专业核心课的教学大纲、试卷、课程目标达成度评价材料、毕业设计（论文）、课程设计、实习报告、教学管理文档等进行了调阅和审查，对教师、教学管理人员、学生、校友、用人单位进行了

大样本量的深度访谈。2018 年 5 月，机械工程专业正式通过了中国工程教育认证协会组织的工程教育专业认证，有效期六年（2018—2023 年）。

1.5 加强专业建设和学生培养交流

自机械与车辆学院 2011 年提出了国际化人才培养的 FISC（教师的国际融合、学生的跨国界流动、课程的国际同步、学术研究的国际合作）理念以来，结合国家的“中国创造”和“制造强国”战略与转型，制造工程系积极开展国际及国内交流与合作，紧紧围绕以学生为中心的人才培养宗旨，注重成果导向，注重专业学科与教师自身建设与发展，紧扣主题，大胆尝试，不断拓展合作对象、丰富合作内容，努力创新合作形式，取得了很好的效果。

2016—2019 年，制造工程系积极开展对外合作与交流，走访、调研国内外众多高校与企业，主持参与的各种学术会议展会近 100 个，相关学科科研主题非常广泛。

广泛的合作与交流，极大地拓展了专业学科的广度与深度，开阔了教师和学生的视野，为人才的“走出去”与“请进来”拓展了渠道，增进了联系。另外，对外合作与交流本身，在形式与内容上也得到了极大的丰富。

（1）紧扣国家需要和时代主题。

2016 年 12 月，冯慧华、刘志兵、薛庆赴上海参加国家留学基金委 2017 年创新型人才国际合作培养项目“智能制造创新型人才国际合作培养项目现场答辩”。

2018 年 5 月，结合 2018 年教育部港澳与内地高校师生交流计划项目“新工科背景下的京港澳大学机械与工业工程专业交流与合作”的实施，制造工程系师生与香港理工大学师生开展了专业建设、课程建设的交流和研讨。

2018 年 8 月，德国德累斯顿工业大学机床与控制工程研究所 Steffen Thlenfeldt 教授、Michal Löser 博士来我校进行教学与学术交流，与制造工程系教师就依托国家留学基金委“创新型人才国际合作培养项目”联合培养智能制造创新型人才进行了研讨。

2018 年 11 月，刘检华老师参加以“大融和、大变革新时代先进制造技术与产业发展”为主题的第五届全国现代制造集成技术学术会议并做报告，与会专家围绕制造业数字化、网络化、智能化、服务化发展方向展开研讨。

（2）专业与学科建设方面，不断把脉研究前沿，努力探索教学、科研思路，向国内外同行借鉴学习。

2016 年 8 月，刘检华、王国新、卢继平、郝娟、孟凡武等赴浙江大学、东南大学、南京航空航天大学、南京理工大学进行专业课程教学实验、实践教学条件的调研。

2018 年 8 月，机械与车辆学院、国际交流合作处教务处联合德国汉诺威大学机械工程学院组织了“北京理工大学—德国汉诺威大学教学研讨会”，双方教师围绕机械工程 2+2 双学位项目智能制造人才联合培养开展了深入的交流和研讨。

（3）人才培养方面，坚持以学生为中心、注重成果导向，不断拓展人才培养的内容、形式与途径。

2016 年 5 月，在教育部 2016 年“香港与内地高等学校师生交流计划项目”的支持下，制造工程系组织了“京港理工大学机械与工业工程夏令营”。

2016—2018 年，薛庆、张旭等老师带领学生，分赴德国、美国参加暑期社会实践、工业 4.0 夏令营等活动，并参观企业，开展学生交流。

2017 年 5 月 19 日—6 月 2 日，依托教育部 2017 年港澳与内地高等学校师生交流计划项目“京港澳大学机械与工业工程专业成果导向教育合作研究”，机械工程系邀请香港理工大学、澳门大学师生来我校开展了主题为成果导向教育的教学交流。

（4）建设一流学科专业、促进国际化，全面加强教师与学生的英文能力。

2017 年 5 月，来自 6 个国家 15 所大学与机构的近 30 名项目代表，在机械与车辆学院成功举行了 Erasmus+ 项目教学与科学工作小组工作会及特殊用途英语培训。

2018 年 10 月 12 日，新南威尔士大学 Ngai Ming Kwok 来我校做学术访问，并做题为“如何写好英文学术论文”的讲座，就科学研究，如何发表论文，论文写作思路、技巧、审阅过程，自荐信和回复信几方面进行介绍，并通过实际审阅论文实例进行交流。

（5）积极参与国内外地区、政府相关规划与产业建设活动。

2016 年 5 月 17 日，机械与车辆学院赴山东省滕州市经济开发区调研，参观了国家机床产品监督检验中心等企业，调研了滕州市机床装备产业发展情况；远义彬市长介绍了滕州市经济社会发展情况，希望加强与北京理工大学机械与车辆学院的密切往来，积极寻求和拓宽产学研合作空间，加快科技成果转化。

2017 年 10 月，张家口区委领导来工业工程研究所人因实验室考察。

2016 年 11 月 3—9 日，张旭赴拉脱维亚参加中国商务部和拉脱维亚经济部共同主办的“第六届中国—中东欧国家经贸论坛”及相关国际合作项目洽谈活动，了解拉脱维亚的教学状态，与教育部门、大学建立联系，探讨在学生交流、教师交流、合作科研等方面的合作意向和方式，并达成了相关合作协议。

2017 年，王武宏、蒋晓蓓等与德国慕尼黑工业大学共同合作完成中德合作科研 PPP 项目。

2017 年，张旭参加了在俄罗斯的彼得罗扎沃茨克国立大学召开的欧盟 Erasmus+ 国际合作项目“支持终生学习和知识经济的跨地区信息素养发展”项目启动会，该项目是我校首次作为项目合作大学成功申请 Erasmus+ 项目。

（6）积极参与、承接国内外学会相关活动工作。

2016 年 2 月 1 日，北京理工大学承办了国家自然科学基金委员会“切削加工数据库共性基础”项目群研讨会。

2016 年 4 月 25—28 日，北京理工大学与日本精密工学会纳米机械加工委员会，联合发起和主办在日本秋田举办的第四届“微细/纳米机械加工与制造国际研讨会”，并取得了成功。该会议是国家自然科学基金委员会与日本学术振兴会于2016年所签署的双边合作协议的部分内容。

2017年11月，中国机械工程学会生产工程分会精密装配技术专业委员成立大会暨首届学术会议在深圳召开，张之敬老师被聘为专委会主任委员，刘检华老师为专委会秘书长，秘书处设在北京理工大学机械与车辆学院。

（7）不断拓展与国内外高校、科研机构的合作广度与深度。

2016年5月16日，制造工程系教授代表一行访问了山东大学机械工程学院，双方就先进制造领域科研合作进行了研讨。

2016年6月21—22日，北京理工大学—俄克拉荷马大学—普渡大学系统实现联合实验室2016年国际研讨会在北京理工大学国际教育交流大厦隆重举行，主题是“复杂工程系统设计决策平台技术”，除了合作机构教授专家参与以外，还有来自北方车辆研究所、武汉船舶设计研究院等12家企事业单位的40位专家学者和企业代表参加。

1.6　教育教学改革获奖情况

制造工程系教师积极参加学校教育教学、卓越联盟高校青年教师教学创新大赛、青年教师教学基本功比赛，取得了丰硕的专业建设成果（表12、表13）。

表12　教育教学改革与创新获奖情况

时间	成果名称	成果完成人	成果等级
2017年	面向国际实质等效的机械工程专业建设与实践	唐水源、王西彬、马树元、刘检华、刘志兵	一等奖
2017年	服务人才培养，探索本科生跨学科实践教学国际化的新思路	薛庆、苏伟、付铁、刘志兵、丁洪生	一等奖
2017年	中国制造2025背景下以学生为中心的研究型课程的范式研究与实践	薛庆、宫琳、胡耀光、王国新、张发平	二等奖

续表

时间	成果名称	成果完成人	成果等级
2017 年	面向全专业的、以案例为驱动、以应用为导向、以人因工程为基础的综合实践类课程建设	刘敏霞、薛庆、毕路拯	二等奖
2017 年	“发现、实战、团队”模式的工科大学生管理能力培养研究与实践	刘莹、阎艳、薛庆、刘检华、马树元	二等奖
2017 年	面向国际化创新人才培养的机械工程全英文教学专业建设	张旭、罗会甫、刘波澜、邹渊、张敏弟	二等奖
2017 年	面向创新能力提升的系统性融合创新教学模式研究与实践	宫琳、郝佳、薛庆、王国新、刘敏霞	二等奖
2017 年	明精计划“精密工学基础”学科贯通课建设	王西彬、焦黎、郝娟、卢继平、刘检华	二等奖
2017 年	京港澳大学机械与工业工程专业成果导向教育交流与合作	刘志兵、范文辉、薛庆、张旭、周世圆	二等奖
2017 年	问题驱动的学生创新思维导入——“生产运作与管理”研究型课程改革与实践	胡耀光、闻敬谦、薛庆、张发平、杨志兵	二等奖
2017 年	面向智能制造的“机械制造装备设计”课程教学改革	卢继平、孟凡武、朱妍妍、刘长猛、庞璐	二等奖
2018 年	第二届卓越联盟高校青年教师教学创新大赛	胡耀光	一等奖
2018 年	北京理工大学第十一届青年教师教学基本功大赛	孙靖雅	三等奖

1.7　服务国家重大战略

我系多名教师牵头或参与国家中长期发展规划，以及科技部、国家自然科学基金委、国防科工局、装备发展部等部委的十三五或十四五科技发展规划（表 13）。

表 13　国家及省部级规划

部门	规划、计划名称	牵头撰写负责人	职责
国家中长期发展规划	国家中长期科技发展规划（2021—2035）	姜澜	“激光制造”子领域（高新技术部分）
	国家中长期科技发展规划（2021—2035）	姜澜	“增材制造”子领域（高新技术部分）
	国家中长期科技发展规划（2021—2035）	姜澜	“极端制造”子领域（基础研究部分）
基金委	机械学科“十二五”规划	姜澜	负责“高能束与特种能场制造科学”领域
	“十三五”规划	姜澜	负责高能束制造方向
	“十四五”规划	姜澜	负责“高能束与特种能场制造科学”领域
科技部	“863”计划	姜澜	“十二五”微纳制造主题专家
	“863”“十二五”规划	姜澜	负责“非硅微纳制造”方向
	“973”“十二五”规划	姜澜	负责“高能束与特种能场制造”方向
	“十三五”规划	姜澜	负责“增材制造与激光制造”方向
	“十四五”规划	姜澜	负责“增材制造与激光制造”方向
中科院	“十四五”/“十三五”/“十二五”学科规划	姜澜	负责“激光制造”方向
	“激光制造科学与工程前沿”香山科学会议	姜澜	申请人和大会执行主席
基金委	“十四五”规划重点项目	周天丰	微纳模具与微纳成形制造
装备发展部	智能制造“十四五”规划	阎艳	参与“十四五”预先研究规划

续表

部门	规划、计划名称	牵头撰写负责人	职责
国防科工局	智能制造“十三五”规划	王爱民	参与规划论证
国防科工局	基础科研先进设计专题“十四五”规划	王国新	参与规划论证
科技部	“十一五”先进制造领域规划	敬石开	主要执笔人
	“十二五”先进制造领域规划	敬石开	主要执笔人
	“十三五”先进制造领域规划	敬石开	主要执笔人
	先进制造领域国家第六次技术预测（2021—2035）	敬石开	组长
	“十三五”增材制造与激光制造重点专项实施方案	敬石开	主要执笔人
	“十三五”网络协同与智能工厂重点专项实施方案	敬石开	主要执笔人
	新一轮科技中长期规划纲要先进制造领域战略研究	敬石开	专家组秘书
	“十四五”工业软件发展战略规划	敬石开	研发设计类软件专家

2. 学科和科研工作

2016—2019 年，科研经费实现大幅增长，在 2019 年达到了 8 658 万元；出版教材专著 5 套；获批自然科学基金项目 32 项，科研项目获奖 20 项，还有一批项目正在有序推进；发表论文合计 SCI 286 篇、EI 201 篇；授权专利 173 项，软件著作权 11 项，国家标准 2 项；另外产学研合作也有很大突破。

2.1 专著、项目与获奖情况（表 14 ~ 表 22）

表 14 教材与专著（2015—2019 年）

作者	专著名称	参与	出版社	时间
姜澜	《10000 个科学难题·制造卷》负责高能束与特种加工方向部分；《大百科全书》机械工程部分，负责光制造和高能束制造方向	参与		2016 年
徐春广、肖定国、郝娟	回转体结构光测量技术	著	国防工业出版社	2017 年
王武宏、蒋晓蓓	Green Intelligent Transportation Systems	著	Springer	2018 年
徐春广、李卫彬、肖定国	超声相控阵原理	译著	国防工业出版社	2017 年
王西彬、焦黎、周天丰	“明精计划”学术丛书《精密制造工学基础》	著	北京理工大学出版社	2018 年
王武宏、Klaus Bengler、蒋晓蓓	绿色智能交通系统	编著	斯普林格	2019 年
王国新、阎艳、Koren	可重构的制造系统：从设计到实现	合著	斯普林格	2019 年
胡耀光	企业数字化转型与工业 4.0 渐进之路	著	电子工业出版社	2019 年
姚丽亚	BIM 路桥专业基础知识	著	中国建筑工业出版社	2019 年
王爱民	制造系统工程	著	北京理工大学出版社	2019 年
颜培	切削液对高温合金加工表面完整性的作用研究	著	北京理工大学出版社	2019 年

表 15　2016 年自然科学基金情况

单位	姓名	题目	类别	经费 / 万元
先进加工研究所	周天丰	微细 / 纳米机械加工与制造国际研讨会	国际（地区）合作与交流	12
数字化制造研究所	丁晓宇	考虑复杂应力场的精密结构装配精度设计理论与控制方法研究	青年科学基金项目	20
	刘检华	复杂机电产品中的螺纹连接工艺与失效机理研究	面上项目	62
工业工程研究所	胡耀光	面向动态分布式装备集群的维护服务网络设计与服务调度研究	面上项目	62
激光微纳研究所	姜澜	激光微纳制造新方法和尺度极限基础研究	国家重大基础研究（“973”计划）项目	3 462
	张浩	超快激光电子动态调控的无衍射贝塞尔光束材料加工	青年科学基金项目	21
	胡洁	飞秒激光脉冲序列诱导下还原制备跨维度金属微纳结构机理及工艺研究	面上项目	65
	李晓炜	面向超表面制备的空间整形超快激光金属微纳结构大面积高质量加工	面上项目	62

表 16　2017 年自然科学基金情况

单位	姓名	题目	类别	经费 / 万元
激光微纳制造研究所	姜澜	纳米尺度电子动态调控的超快激光微纳米加工新方法	国家自然科学基金（重大）	1 000
	姜澜	精密微加工技术研究	国家重大科技专项课题	1 050
	李欣	超快激光时空频调控微纳制造机理及方法	国家重点研发计划课题	1 055
机电设备研究所	黄杰	分布质量负载吊挂系统扭转动力学机理与控制	面上项目	60

续表

单位	姓名	题目	类别	经费/万元
检测与控制研究所	徐春广	航天用弱刚度铝合金构件残余应力分布超声无损检测与高能声束原位调控技术	联合基金项目（重点资助项目）	255
先进加工研究所	周天丰	无黏结相硬质合金微透镜阵列模具的铣削—刻蚀复合加工研究	面上项目	58
工业工程研究所	郝佳	创新产品概念的计算模型及其自动化生成方法研究	北京市 面上基金	20

表 17　2018 年自然科学基金情况

单位	姓名	题目	类别	经费/万元
先进加工研究所	赵文祥	基于在位膜厚测量的大面积微透镜阵列跨尺度加工研究	面上项目	60
微小型制造研究所	孙椰望	精密机床结合部非均匀接触对精度稳定性影响机理研究	青年科学基金项目	26
数字化制造研究所	刘少丽	基于单幅图像的复杂管路智能检测与位姿识别基础理论及关键技术研究	面上项目	60
工业工程研究所	明振军	决策驱动的群智设计集智机理与过程优化研究	青年科学基金项目	27
工业工程研究所	蒋晓蓓	面向冲突情境意识的安全驾驶时序性特征识别研究	青年科学基金项目	26
工业工程研究所	王武宏	基于无干扰在途测试的平面交叉口自解释特征研究	面上项目	60
激光微纳制造研究所	胡洁	飞秒激光精密制造应用基础研究	国家重点研发计划项目	3 093
	李晓炜	飞秒激光微孔制造装备及应用	国家重点研发计划课题	728
	刘长猛	基于增材制造的高温钛合金单晶制备——结构制造一体化方法和机理研究	面上项目	57
机电系统与装备研究所	马树元	TiA1 基微叠层复合材料选区激光熔化增材制造机理和方法研究	面上项目	56

表 18　2019 年自然科学基金情况

姓名	项目名称	项目代码	项目类别
李欣	激光微 / 纳制造	E050904	优青项目
刘检华	复杂机电产品的精密装配基础理论与方法	E051002	重点项目
仇天阳	可降解血管支架散纳结构设计制造研究	B060903	青年项目
夏焕雄	熔丝增材制造多相流—多场耦合一体化建模仿真方法	B051002	青年项目
潘勤学	碳纤维增强树脂基复合材料残余应力超声检测原理和方法研究	BO50401	面上项目
毕路拯	多任务模式下基于脑电信号的上肢运动宣图解析与人机协同	EO50703	面上项目
梁志强	小直径硬削刀具设计制造与声振动微削研究	B050901	面上项目
郭宝山	基于飞秒激光时空频协同调控的细胞加工转染及其多尺度观测研究	E050904	面上项目
丁晓宇	燃料电池多层结构装配应力协调控制	E051002	面上项目
王国新	基于生命系统理论的可重构制造系统构形智创设计方法研究	E051002	面上项目

表 19　2014—2016 年科研获奖情况

项目	种类	级别	人员
超快激光微纳制造机理及方法的基础研究	教育部自然科技奖一等奖（2014 年）	省部级	姜澜，李欣，王素梅，李晓炜，曲良体，江毅
超快激光微纳制造机理、方法及新材料制备的基础研究	国家自然科学二等奖（2016 年）	国家级	姜澜、曲良体、李欣、王素梅、李晓炜
武器装备知识管理与服务技术	国防科技进步三等奖（2016 年）	省部级	王国新、郝佳、宫琳、阎艳
坦克装甲车辆创新设计平台	国防科技进步二等奖（2016 年）	省部级	毛明、胡立臣、王国新、阎艳
坦克装甲车辆创新设计平台	中国兵器工业集团公司科技进步三等奖（2016 年）	行业级	毛明、胡立臣、王国新、阎艳

表 20　2017 年科研获奖情况

项目	种类	级别	人员
	何梁何利基金科学与技术创新奖		姜澜
	中国科协青年人才托举工程		李晓炜
基于多学科物理量控制的 ×× 制造技术	国家科技进步二等奖	国家级	刘检华
×× 车辆关键零部件设计制造集成技术研究	国防科技进步三等奖	省部级	刘检华
精密微小型车铣复合加工技术研发与应用	中国产学研合作创新成果奖	行业级	张之敬、金鑫、牛兰杰、李鹤、李晖、叶鑫、肖木峥
交通系统风险演变识别与智能人车安全交互技术	中国电子学会科学技术奖科技进步二等奖	行业级	王武宏、赵起超、蒋晓蓓、毕路拯、谭华春、王清菊、郭宏伟、姚丽亚、李成刚、刘跃军
人车路系统安全行为形成机理与车载支持方法	教育部高等学校科学研究优秀成果奖自然科学二等奖	省部级	王武宏、毕路拯、蒋晓蓓、谭华春、郭宏伟、张伟

表 21　2018 年科研获奖情况

项目	种类	级别	人员
×× 精密微细加工技术与装备	国防技术发明一等奖	省部级	王西彬、郭斌、陈兢、廖广兰、许金凯、刘志兵
×× 空间管路集成制造关键技术与装备	国防科技进步一等奖	省部级	刘检华、刘少丽、丁晓宇、熊辉
飞秒激光电子动态调控微细加工技术	教育部技术发明一等奖	省部级	姜澜、李晓炜、江毅、胡洁、王素梅、李明
面向大型空间飞行器的精密装配关键技术与装备研发及应用	北京市科学技术（发明奖）二等奖	省部级	刘检华、丁晓宇、刘少丽

续表

项目	种类	级别	人员
×× 关重件高效精密加工完整性控制工艺	国防技术进步三等奖	省部级	解丽静、王西彬、刘志兵、焦黎、梁志强
面向复杂运行环境的车辆辅助驾驶与自主控制技术及应用	北京市科学技术三等奖	省部级	王武宏、金立生、赵起超、蒋晓蓓、张进明、谭华春、薛庆、郭伟伟、丁晨顺、沈中杰、刘跃军、郭宏伟、姚丽亚、毛琰、杨苒

表 22　2019 年科研获奖情况

项目名称	奖项名称及等级	奖项级别	获奖人
复杂微小型 ×× 精密车铣复合加工装备技术与应用	国防科技进步一等奖	省部级	张之敬、金鑫、孙椰望、叶鑫、肖木峥
×× 高效加工与切削数据服务技术	国防科技进步三等奖	省部级	焦黎、王西彬、解丽静、刘志兵、梁志强
航天复杂结构件高速切削加工稳定性控制及应用	中国产学研合作创新成果二等奖	行业级	刘志兵、王西彬、闫正虎

2.2　装备、软件、标准等科研成果

2017 年 7 月，由徐春广教授主持制定的国家标准《无损检测 超声显微检测方法》（GB/T 34018—2017）获国家质检总局和国家标准委批准发布。

2017 年 11 月，由徐春广教授主持制定的国家标准《无损检测 机械手超声检测方法》（GB/T 34892—2017）获国家质检总局和国家标准委批准发布。

2018 年，先进加工研究所自主研制出首台套玻璃光学模压制造加工装备，为国内首套产品，成果已具备产业化条件。

2018 年，先进加工研究所自主研发扭力轴数控齿根滚压机床、扭力轴数控外圆滚压机床，提高了关键结构抗疲劳性能，大幅提升了生产效率。

2018 年，微小型制造实验室研发的“精密机械系统装配性能高精度预测软件系统”，荣获第七届中国创新创业大赛军民融合专业赛优胜奖。

2.3　产学研合作情况

2017 年，微小型制造研究所引领产学研合作，将实验室搬到了厂房，借助鲁南研究院产学研平台和枣庄地区良好的机械制造基础，把北京理工大学在精密微细制造方面的科研成果转化为生产力。获批山东省重点研发计划经费 1 260 万元，地方政府提供 5 000 平方米的产业化中试厂房，每年 100 万元的日常运行经费。

2017 年 6 月 14 日，中国兵器工业集团公司直属企业山东特种工业集团有限公司到访先进加工研究所，赠送了“情系军工，技术引领，厂校联合，共创辉煌”锦旗，感谢研究所研发的成套拉刀铣刀和相关工艺，解决了超高强度弹钢内外槽加工难题和拉刀断齿问题，加工效率提高一倍以上，刀具寿命提高十倍，关键时刻保障了生产任务的完成。

2017 年 6 月 20 日，由北方动力集团、北京理工大学联合承办了“中国兵器工业集团公司高效精密切削先进制造技术研究应用中心工作会议”，来自兵器工业集团公司、清华大学等单位 40 余人参会。

2017 年，机电系统与装配研究所实验室完成第二代电弧增材制造设备建设，为国内最大的含气氛保护电弧增材制造装备，并已逐步开展在航天、兵器和核电领域的应用。

2018 年 8 月，全国精密装配技术及成果交流会在山东省滕州市举行。大会由国防科技工业复杂微细结构加工技术创新中心（北京理工大学为技术依托单位）、中国航天科技集团有限公司装配工艺技术中心、中国机械工程学会生产工程分会（精密装配专业）主办，由北京理工大学鲁南研究院、中国航天科技集团有限公司第九研究院第十三研究所承办。160 多位专家学者对精密装配及相关技术进行了学术与技术成果交流研讨。北京理工大学发布了 2 项创新技术，参会单位制作展出了 65 项本领域的先进技术成果，滕州市 50 余家企业参与并分享了精密装配技术研究成果。

3. 人才培养

经过近几年的教育教学改革、卓越工程师培养计划、全国工程教育认证工作，以及国际化培训理念的贯彻推进实施，学生在学术科研活动参与度、参与水平、理论水平、动手能力方面，都得到了极大的提升。学生升学、出国深造以及就业方面持续向好，论文评优、奖学金资助人数增加，并在很多创新创业、技能项目竞赛中屡创佳绩。

学生就业质量得到进一步提高。机械工程专业 2016 年毕业的 88 名学生中，保送研究生 18 名、考取研究生 21 名，25 名学生赴美国普渡大学、德国卡尔斯鲁厄理工大学、意大利都灵理工大学、法国图尔大学、荷兰代尔夫特理工大学、俄罗斯莫斯科鲍曼国立技术大学、澳大利亚国立大学等国际一流大学攻读研究生，其中 6 名学生获国家留学基金委“赴俄罗斯专业人才培养计划”资助。工业工程专业 2016 届毕业生中多人赴美国威斯康星大学、哥伦比亚大学、南加州大学、东北大学、乔治华盛顿大学读研，3 名同学赴法国图尔工程师学院继续深造。

2016—2018 年，制造工程系获得校级和北京市优秀毕业论文、优秀毕业生奖，奖学金资助等不同奖项 60 余项。

2018 年 11 月，团市委、市委教工委、市教委、市学联决定，在全市高等院校、中职学校中继续开展 2017—2018 年度“北京市先进班集体”的评选工作，先进加工研究所斩获“北京理工大学优秀研究生班集体”“北京市先进班集体”称号。

2018 年“创客中国”智慧工厂创新创业大赛由工业和信息化部信息中心、中国中小企业协会智能制造专业委员会主办。检测与控制研究所派出团队的“双机械手自动化超声无损检测技术”项目取得专业赛创客组第一名、专业赛三等奖，入围2018“创客中国”智慧工厂创新创业大赛全国总决赛，并以唯一高校代表队的身份跻身全国20强。

2019年，阮本帅团队获得北京市“互联网+大学生创新创业大赛（北京赛区）”创意组第一名，第五届中国“互联网+大学生创新创业大赛”银奖。周天丰教授、王西彬教授和刘志兵副教授获得“优秀指导教师”称号。

2019年，先进加工研究所研究生梁嘉斌、冯吕晨和顾慧卿组成的FLAG团队以题为“多约束条件下智能飞行器航迹快速规划”的论文在第十六届中国研究生数学建模竞赛上荣获一等奖，也是本次大赛中北京理工大学唯一获得全国一等奖的参赛队伍。

2014—2017年获学会优博奖情况见表23。

表23　2014—2017年获学会优博奖情况

项目	奖项类别	级别	年份	人员
新型光纤传感器的飞秒激光制作及其替代方法研究	第4届上银机械优博优秀奖（10万元）	学会优博	2014	博士生：李本业 指导老师：姜澜、王素梅
基于电子动态调控的超快激光微纳制造新方法的第一性原理计算及其验证	第5届上银机械优博铜奖（20万元）	学会优博	2015	博士生：王聪 指导老师：姜澜
飞秒激光高质量高深径比微孔加工机理及其在线观测	第6届上银机械优博银奖（30万元）	学会优博	2016	博士生：夏博 指导老师：姜澜、李晓炜
电子动态调控的飞秒激光表面微纳结构可控制造新方法及其应用	第7届上银机械优博佳作奖（5万元）	学会优博	2017	博士生：史雪松 指导老师：姜澜、李欣
TMDs和黑磷二维材料与器件的制备表征及光电性能调控	第7届上银机械优博佳作奖（5万元）	学会优博	2017	博士生：裴家杰 指导老师：王西彬、刘志兵

4. 师资队伍建设

4.1　师资力量扩充

2016 年 5 月，北京理工大学聘任的 Costas P. Grigoropoulos 教授被评为“国家级人才”。Costas 教授是微纳领域的国际知名专家，美国加州大学（伯克利）机械工程系终身教授，国际光学工程学会和美国机械工程师协会会士。

2017 年 10 月 12 日，机械工程专业、机械工程全英文教学专业聘请加拿大阿尔伯塔大学马永胜教授担任兼职教授。

目前制造工程系在编师资情况（含博士后）：

（1）先进加工研究所（14 人）。

王西彬、庞思勤、赵文祥、周天丰、焦黎、解丽静、刘志兵、梁志强、颜培、杨洪建，滕龙龙、沈文华、仇天阳、刘朋。

（2）微小型制造研究所（15 人）。

张之敬、金鑫、张卫民、张虎、叶鑫、肖木峥、史玲玲、李朝将、曹也、王晓利、刘玉柱、张高阳、孙椰望、左镇、陈骁。

（3）数字化制造研究所（9 人）。

刘检华、王爱民、王建群、张旭、刘少丽、丁晓宇、熊辉、夏焕雄、张慧。

（4）工业工程研究所（19 人）。

阎艳、王武宏、薛庆、段晓峰、张发平、胡耀光、敬石开、王国新、宫琳、郭宏伟、姚丽亚、蒋晓蓓、闻敬谦、刘敏霞、郝佳、张柏森、明振军、王儒、张静楠。

（5）激光微纳制造研究所（16 人）。

姜澜、胡洁、李欣、朱彤、宋双羽、王素梅、李晓炜、孙靖雅、郭宝山、吉鹏飞、齐小林、杜建梅、李璇、王猛猛、程洁、韩伟娜。

（6）检测与控制研究所（8 人）。

徐春广、肖定国、郝娟、孟凡武、周世圆、潘勤学、贾玉平、王琪。

（7）机电系统与装备研究所（11人）。

马树元、唐水源、樊红丽、卢继平、左建华、毕路拯、龙震海、黄杰、刘莹、刘长猛、韩亚峰。

目前在编人员的人才队伍总体情况：

■ 姜澜，加州大学伯克利 Russell Severance Springer Professor（荣誉杰出教授）、美国机械工程学会会士、美国光学学会会士、国际纳米制造学会会士、国家“万人计划”首批科技创新领军人才、“长江学者”特聘教授、国家杰出青年基金获得者、“增材制造与激光制造”国家重点研发计划总体专家组组长、“973”首席科学家、教育部科技委学部委员、何梁何利科技创新奖获得者。

■ Costas P. Grigoropoulos，国家级人才。

■ 蔡海龙，“长江学者”讲座教授。

■ 王西彬，“973”首席科学家。

■ 张之敬，“973”首席科学家。

■ 阎艳，教育部新世纪优秀人才。

■ 徐春广，教育部新世纪优秀人才。

■ 胡洁，教育部新世纪优秀人才、国家自然基金委优秀青年基金获得者、青年拔尖人才。

■ 李欣，教育部新世纪优秀人才、国家自然基金委优秀青年基金获得者。

■ 周天丰，国家级人才、青年“973”首席科学家、霍英东教育基金获得者。

■ 刘检华，国家“万人计划”青年拔尖人才。

■ 庞思勤，北京市教学名师。

■ 薛庆，全国模范教师、北京市教学名师。

■ 李晓炜，中国科协青年人才托举工程计划、青年“长江学者”。

■ 朱彤，国家级人才。

4.2 教师个人获奖情况（表24）

表 24　教师科研、教学等方面获奖情况

时间	姓名	奖项
2015 年	周天丰	论文《微透镜阵列精密模压成形基础研究》获霍英东教育基金会第十五届高等院校青年教师基金——基础性研究课题资助
2016 年	丁晓宇	第十届教师基本功比赛选拔赛理工本科类三等奖
2016 年	王西彬、周天丰	北京理工大学“十二五”科技工作先进个人
2016 年	薛庆	北京理工大学首届迪文“课堂教学类”优秀教师奖一等奖
2016 年	刘莹	学校“我爱我师”评选活动我最喜欢的公选课老师
2017 年	徐春广	2017 远东无损检测新技术论坛攀登奖
2017 年	薛庆	北京市教学名师
2017 年	王武宏	“爱思唯尔”2016 中国高被引学者
2017 年	薛庆	2017 北京理工大学优秀班主任
2017 年	闻敬谦、蒋晓蓓	2017 机械与车辆学院优秀班主任
2019 年	薛庆	全国教育系统表彰先进大会全国模范教师
2019 年	薛庆、胡耀光	“师缘·北理”庆祝第 35 个教师节表彰大会教书育人奖
2019 年	王西彬、刘志兵、周天丰	“师缘·北理”庆祝第 35 个教师节表彰大会优秀人才
2019 年	胡耀光	第二届北京理工大学教学名师奖、第四届迪文一等奖
2019 年	薛庆、刘莹	学院学生评选我心中的最美教师
2019 年	毕路拯	第一届北京理工大学“长寿秀伶”奖教金
2019 年	王爱民	《制造系统工程》获得北京理工大学精品教材、第七届兵工高校精品教材

4.3 教师担任学术科研机构职位（表25）

表25 教师担任学术机构职务情况

年份	姓名	机构	职位 / 称号
2016	姜澜	“增材制造与激光制造”国家重点研发计划	总体专家组组长
2016	姜澜	工信部“非硅微纳制造”重点实验室	主任
2016	姜澜	Nature 出版集团 Microsystems & Nanoengineering，Scientific Reports，Science 合作期刊 Research 等9个期刊	副主编 / 高级编辑 / 编委
2018	姜澜	入选美国加州大学伯克利分校 Russell Severance Springer Professor（1964年开始授予，54年149人入选，中国大陆第2名入选学者）	荣誉性质的杰出教授
2018	姜澜	美国机械工程学会(ASME)，入选理由中称“姜博士在激光微纳米制造领域微机械工程中做出了重要贡献。他的研究具有极高的科学价值，其中众多成就是突破性的，极大地提升了微纳加工质量，使他成为该领域国际公认的引领者”	会士
2018	姜澜	美国光学学会（OSA），当选理由中解释“在激光制造领域的杰出成果和学术领袖地位，特别是飞秒激光微纳加工的开创性工作”	会士
2018	姜澜	国际纳米制造学会（ISNM）	会士
2018	姜澜	数字化设计与制造北京市重点实验室	学术委员会主任
2018	姜澜	中国光学工程学会	常务理事
2019	姜澜	复杂微细结构加工技术国家级创新中心	新一届主任
2019	姜澜	北京市“光机电微纳制造科学与技术”高精尖学科	学科带头人
2019	姜澜	中央军委科技委	基础领域专家委委员
2019	姜澜	国家高层次人才评审工作巡察组	组长
2011	王西彬	兵工学会机械加工专业委员会	副主任
2017	王西彬	中国机械工程学会成组与智能集成技术分会	副主任

续表

年份	姓名	机构	职位 / 称号
2019	王西彬	中国机械工程学会	理事
2017	张之敬	中机生产工程分会	常务理事
2018	张之敬	中机精密装配专业委员会	主任委员
2017	马树元	中国机电一体化技术应用协会	常务理事
2019	马树元	北京机电行业协会	理事
2018	唐水源	2018—2022 年教育部高等学校机械类专业教学指导委员会	委员
2001	徐春广	中国电子学会	会士
2001	徐春广	中国电子学会电子机械分会	副主任委员（副理事长）
2002	徐春广	国防科技奖励委员会技术基础计量组	组长、副组长
2002	徐春广	中国兵器工业集团科技进步奖励委员会技术基础组	副组长
2003	徐春广	国防科工委无损检测人员资质鉴定与认证委员会	委员
2004	徐春广	加拿大无损检测学会（CSNT）	委员
2007	徐春广	国防技术基础计量专业组	成员
2008	徐春广	国防军工计量测试标准化技术委员会	副主任委员
2008	徐春广	美国无损检测学会（ASNT）	委员
2009	徐春广	韩国釜山国立大学	兼职教授
2009	徐春广	IEEE	会员
2009	徐春广	中国计量测试学会	理事
2013	徐春广	远东无损检测新技术论坛大会（IEEE FENDT）	执行主席
2013	徐春广	国际定量无损评估 (QNDE) 大会理事会	成员
2013	徐春广	国际声发射委员会	委员

续表

年份	姓名	机构	职位 / 称号
2014	徐春广	全国标准化委员会（无损检测标准化委员会）	委员
2014	徐春广	中国声学学会检测声学分会	副主任委员（副理事长）
2015	徐春广	世界无损评估中心联盟（WFNDEC）	委员
2015	徐春广	东京工业大学	兼职研究员
2016	徐春广	第 20 届国际无损检测大会（20th WCNDT）	副主席
2017	徐春广	中国工程物理研究院	客座教授
2018	徐春广	中国机械工程学会无损检测学会	副主任委员（副理事长）
2018	徐春广	公安部“801 实验室”学术委员会	主任委员
2019	徐春广	装备发展部可靠性工程技术专业组	成员（快支专家）
2017	阎艳	中国共产党北京市第十二次代表大会	代表
2017	阎艳	中国航天科技集团公司战术导弹仿真中心第二届学术委员会委员	委员
2017	阎艳	北京理工大学第三届学部委员会机械与运载学部	委员
2018—2022	阎艳	教育部高等学校工业工程类专业教学指导委员会	委员
2019	阎艳	装备发展部先进制造专业组	委员
2019	阎艳	北京市人车协同与智能决策国际联合实验室	负责人
2020	阎艳	复杂装备 MBSE 联盟数字孪生及使能技术委员会	主任委员
2007	刘检华	全国技术产品文件标准化技术委员会	委员
2013	刘检华	全国离散制造业信息技术应用服务联盟专家委员会	委员
2017	刘检华	中机生产工程学会精密装配技术专委会	秘书长

续表

年份	姓名	机构	职位 / 称号
2017	刘检华	中国机械工程学会成组与智能集成技术分会	委员
2017	刘检华	中机生产工程学会生产系统专业委员会	常务委员
2018	刘检华	中国图学学会数字化设计与制造专业委员会	委员
2018	刘检华	《机械工程学报》和《计算机集成制造系统》	编委
2019	刘检华	广东省计算机集成制造重点实验室和教育部现代制造技术重点实验室学术委员会	委员
2019	刘检华	先进加工技术国防重点学科实验室和非硅微纳制造工信部重点实验室	副主任
2019	刘检华	国防科技工业科学技术委员会	成员
2017	周天丰	精密光学工程 / 中国光学	编委
2018	周天丰	International Journal of Precision Engineering and Manufacture	编委
2018	毕路拯	IEEE	高级会员
2018—2022	毕路拯	IEEE/ASME AIM	编委
2018—2022	毕路拯	ASME DSCC	编委
2020	毕路拯	世界机器人大赛	BCI 脑控机器人大赛专家组成员
2016	王国新	中国图形学会数字化设计与制造委员会	委员
2017	王国新	现代制造工程期刊	编委
2018	王国新	计算机集成制造系统期刊	理事
2018	王国新	中国系统工程学会系统工程科普工作站	站长
2019	王国新	IEEE SMC MBSE 分委会	委员
2020	王国新	复杂装备 MBSE 联盟	副秘书长
2018	周世圆	中国机械工程学会无损检测分会超声专业委员会	委员

续表

年份	姓名	机构	职位 / 称号
2018	周世圆	中国机械工程学会无损检测分会新技术专业委员会	委员
2019	周世圆	中国电子学会电子机械工程分会	委员
2019	潘勤学	中国机械工程学会无损检测分会超声专委会	副主任委员
2020	刘长猛	科技部	增材制造与激光制造重点研发计划专项组青年专家
2016	明振军	美国机械工程师学会 ASME	会员

5. 实验室建设

2016 年 10 月，由激光微纳制造研究所姜澜牵头，以制造工程系为核心，顺利获批“非硅微纳制造工信部重点实验室”。姜澜教授担任该重点实验室主任。

2018 年，初步建成金属 3D 打印实验室，同时配套建成了金属 3D 打印样件加工实验室、组织和力学性能表征实验室、热处理实验室。

2019 年 7 月，工业与智能系统工程研究所依托北京理工大学国际系统实现联合实验室、北京理工大学—慕尼黑工业大学驾驶行为与交通安全联合实验室，由阎艳、王武宏、王国新、蒋晓蓓等老师牵头，联合美国俄克拉荷马大学、普渡大学、纽约州立大学、英国利物浦大学、德国慕尼黑工业大学，成功获批北京市“人车协同与智能决策国际联合实验室”。

6. 文体活动

在抓好教学科研的同时，制造工程系不断丰富和加强文化体育活动，促进教师与学生快乐工作、健康成长。制造工程系积极组织、参加羽毛球赛、足球赛、校运动会等活动，并屡次获得好成绩。

2016 年 5 月，毕路拯和研究生获得学院"'羽'你共享"师生羽毛球赛冠军。

2017 年，微小型制造研究所获得了 2017 年机械与车辆学院足球联赛季军。

2017 年 5 月 13 日，微小型制造研究所获得了 2017 年北京理工大学机械与车辆学院 2017 年运动会中关村校区趣味赛第一名。

2018 年 3 月，机械与车辆学院足球赛、微小型实验室和机电系统实验室联合组队，获得亚军。

2018 年 5 月，制造工程系代表学院征战学校"共青杯"足球赛，获得亚军。

工业与智能系统工程研究所同学积极参与学校、学院组织的球类竞赛，在 2019—2020 年机械与车辆学院"迎新杯"篮球赛上，大家积极参与、完美配合，连续两年夺得冠军。

7. 党建活动

2000 年以来，孙厚芳、唐承统、王西彬先后担任系支部书记。制造工程系全校第一个在学院开展系设党总支的改革试点，王西彬担任第一届总支书记，其后是金鑫、王国新。2010 年 5 月合系后，设置系务会，进一步加强党的基层组织在办学办专业中的作用。制造工程系始终重视党的建设，不忘初心、牢记使命，在党总支的积极组织领导和各支部的积极配合下，有条不紊、积极开展党建活动。

（1）党总支积极发挥组织领导作用，制定总体工作思路，有条不紊地带领各支部开展纪律严明、生动活泼的各项党建活动。

制造工程系党总支注重党建理论和实践活动的开展，积极承担校组织部的党建课题，"三型"党支部建设等相关课题获得学校优秀课题奖。2017 年，制造工程系党总支制定了"围绕中心抓党建，凝聚力量促发展"的总体工作思路，持续加强和改进党的建设，增强基层党组织政治核心和战斗堡垒作用。

2019 年，学习贯彻习近平总书记在主题教育工作会议上的重要讲话精神，按照中央配署、学校党委和学院党委的要求，制造工程系总支积极组织各支部，系统性地开展工作，通过支部“三会一课”抓实集体学习，做好党支部的检视整改工作，并重温入党誓词，坚定理想信念。

（2）积极发挥党员党组织的战斗堡垒与中流砥柱作用，爱党爱国，凝心聚力，团结群众。

在党群零距离活动中，2016 年 7 月 11 日，微小型党支部赴北汽新能源汽车公司开展了调研活动。

2016 年 11 月上旬，机电系统与装备研究所党支部举办了“祖国在我心中”活动。

2017 年，为迎接党的十九大，党总支与中国兵器工业第 208 研究所信息中心党支部开展了党支部共建活动。2018 年，与航天五院 514 所共办“弘扬爱国奋斗精神，建功立业新时代”党建活动。

（3）积极学习党的文件，了解党的历史与光荣传统，坚定理想信念。

2017 年，先进加工专业党支部赴中国人民抗日战争纪念馆进行参观，开展“铭记革命历史，坚定理想信念”主题党日活动。

2017 年 9 月 23 日，组织了一年一度的红色之旅，去往北京市房山区的平西抗日战争纪念馆参观。

2017 年 12 月 10 日，参观《砥砺奋进的五年》大型成就展。

2018 年，数字化制造研究所党支部全体党员集中学习习总书记全国教育大会讲话精神，支部全体党员参观“中国科学家主题展”。

2018 年 9 月 27 日，检测与控制研究所党支部开展了《2018 年 14 号：关于组织开展中央有关精神学习的通知》文件学习工作。

2018 年，先进加工研究所党支部赴兵器 618 厂参观学习；赴中国航空博物馆、军事博物馆学习军事装备发展史；参观校史馆，弘扬爱党爱国爱校精神；参观“走在建设世界科技强国征程上的中国科学家主题展”，开展“弘扬爱国奋斗精神，建功立业新时代”活动。

2019 年 9 月 27 日，机械与车辆学院党委组织党员前往北京展览馆参观“伟大历程　辉煌成就——庆祝中华人民共和国成立 70 周年大型成就展”。

2019 年 10 月 18 日，检测与控制研究所党支部组织党员于北京理工大学中心教学楼参观了百名摄影师聚焦中华人民共和国成立 70 周年摄影展。

（4）以党员的使命担当做人做事，积极发挥党员的模范带头作用，把党员要求严格细致地贯彻到日常工作之中。

2017 年 11 月 17 日，激光微纳制造研究所研究生党支部举办了以“不忘初心跟党走，共筑美好中国梦”为主题的党日活动。

2018 年，检测与控制研究所党支部组织观看《榜样 3》。

2018 年，制造工程系第七党支部开展微党课、头脑风暴、理论学习与学术讲座交流相结合等活动，深入开展理论学习和实践活动。

2018 年，工业工程研究所党支部分别组织参观中国抗日战争纪念馆、北京理工大学档案馆藏党建工作资料展。

2018 年 10 月，微小型制造研究所参观密云区石城镇的白乙化烈士纪念馆；12 月参观中国人民革命军事博物馆。

2019 年 12 月，制造工程系总支多次组织各支部开展“不忘初心　牢记使命”主题教育学习活动。

（5）获奖情况。

2017 年，先进加工党支部被评为 2016—2017 年度北京理工大学先进党支部和机械与车辆学院先进党支部。

2017 年，王西彬被评为 2017 年度师德先进个人；张之敬被评为 2017 年度“三育人”先进个人；薛庆被评为校优秀共产党员；颜培被评为 2017 年度机械与车辆学院优秀共产党员。

2017 年，制造工程系《科技强军　提升军队战斗力》摄影作品获三等奖。

2017 年，制造工程系《岁月正好，祖国正好》征文获三等奖。

2018 年，薛庆作品《阳光教师》在学校党委教师工作部举办的第二届“微心声”征文活动中获一等奖。

2019年，制造工程系第四党支部强化支部在“立德树人”工作中的核心作用，开展“师德传承——向身边榜样学习”“匠心有人——思想引领，又红又专”活动。

结束语

编写组在编写过程中深刻感受到，随着国家、社会战略发展需求与世界科技、教育发展前沿的变化，机械制造专业的内涵发生了深刻变化，唯有牢牢把握机遇，积极应对挑战，正视差距不足，主动适应变革，创新发展模式，才能保持专业旺盛和持久的生命力。不同时期的专业建设者面临的外部条件、发展环境不尽相同，但都能够团结一心、艰苦奋斗、坚守信仰、乐于奉献，为后来者留下一笔宝贵的精神财富。

当前，机械制造专业正面临由中国制造向中国创造转变、由制造大国向制造强国转变的阶段，全面推进制造强国战略、实施中国制造2025、工业化与信息化深度融合为机械制造专业提供了前所未有的发展机遇，同时也对专业的教学、科研和人才培养提出了新的挑战。展望未来，机械制造专业有信心继承和发扬老一辈专业建设者的精神，充分发挥自身的积极性、主动性和创造力，扎扎实实开展各项工作，取得无愧于历史和时代的成就，不断推动机械制造专业的发展。

附录一：1949—2016年本科生入学名单

1949年以前入学名单

延安自然科学院机一

胡吉全（胡既全） 李骥（李冀） 白立 陈乃迪 关经溥
林伟 张惠生（章慧僧） 罗迅 刘建岐 苏维民
王华增 文风 叶选平

延安自然科学院机二

郭浩之（郭文才） 崔登旺 崔铮 陈金渡 高英
高翔 何觉 廖予群（高耀世） 贾倩云 卢振英
李作潢 李汉 李蒲 刘艾生
苏六也（苏绿野） 刘患生 聂春志 师秋朗 王丽堤 王麦
王凌 温田玉 吴小兰 于恒 杨铿 张然
张宾 赵植森 曾宪波

北方大学工学院第三班机械

沈粲斗 李松年 柯斌 高更夫 王登文 张成庚 张正新
赵志书 许国贤 王琢成 张禾夫 胡鼎臣 李琢玉 杜允先
马作新 张运 杜先宜 孙朗 刘觉民 刘贵辰 李岩
吕育新 沈良义 方延堃 陈翔 孔祥佑

1949年入学名单

机械工程系

杨述贤 张运 谢更生 孟秀英 寇平 曾仲 满茄
张孺幕 梁崇哲 吕育新 陈清 穆威 张德符 秦仁
梅村 温田玉 刘持伦 何光远 刘承绪 张僧恺 马萝亭
成殿璘 陈祖泽 杨澜 范湘洲 张振华

1950年入学名单

机械工程系

王鸿志 靳兴宝 姚赞休 齐信民 张淑臣 吴会生 张肇修

马志清　田常贞　邢镇寰　王永昌　王悦民　韩魁英　耿　旭
蒋洪潮　胡延年　杨云正　王育民　黄汉生　苗瑞生　吕慎刚
杨应春　赵泽全　黄友才　徐　岳　吴天成　雷振扬　李建新
范元勋　李志荣　薛大为　郑中男　李　平　陈星明　任伯芬

机械工程系特别班

司权有　张　英　何慧民　李根沂　陈自勉　林懋华　兰　晶
黄进源　李沛琼　杨柱国

1951 年入学名单

51 机一甲

张兆炎　陆家鹏　陈学贤　顾馀铨　郑学铸　徐道元　来一鸣
郁清涟　郅守义　徐玉书　朱惠庭　武俊华　赵通善　杨学曾
宋国枢　宋永诠　王品一　王思敬　李惠民　黄庆杰　秦树华
徐洪烈　王宗泽　郑仕俊　范国俭　钱乐济　万春熙　田　琳
张素澄　董仪隆　张成恺　马敬鹏　王义祥　祖　静　石凤山
何伟弢　何志强　张炳荣　张俊吉　殷启华

51 机一乙

朱绍希　魏光辉　刘宏光　黄竣晓　吴山豹　计秉贤　陈良平
唐良桂　郑光荃　张炳勋　张兆华　李承德　李蕃时　甘子光
王傅明　童　绅　陆肇铭　欧学炳　易璐璐　杨承华　罗文碧
董　祺　姜子鑫　黄清远　冯厚纶　王　山　张保贵　周孝安
曾昭煌　刘鸿宝　伍少昊　郑锦陵　陈塞娥　陆乃驹　黎廷方
张国柱　郭亮工　韩景福　丁汉章　艾建华

51 机一丙

李振芳　戴　森　曹菊人　朵英贤　刘衍仲　张国辉　张兴中
成祥生　王希孔　赵大年　蔡汉钧　顾钰卿　穆崇桐　赖文彦
邢镇宣　张如洲　罗适之　左元吉　刘　忠　刘德昭　卢东渠
孔妙良　刘汝诚　王一圻　康成伟　李安国　李鸿斌　贺璟修
陈民生　张一凡　束贤通　包冀生　杜泽民　汤作义　黄守仁

朱守勤　沙人文　熊安定　邓殷生　刘　群　王炳遵　陈家平
孙文质　孟昭艾　杨长生　孙咸良

1952 年入学名单

机械工程系

班级：5201

徐光棋　郭沪生　李光亚　马如玉　周铭昭　陈　淦　刘长乐
涂光苏　崔传麟　谭爱菊　金秀石　赵展洋　丁绵仲　朱淮廷
袁旭沧　邹元元　朱健豪　魏祥麟　许大森　乔大华　李永昌
李戴弘　刘振发　李迎旭　卞浩华　李立璥　沈念萱　陈玉堃
桂松茂　孙月明　钱平吕　吴雅信　时祥琳　徐心镜　关秀琳
张　毅　王丽琳　唐家范　鹿景荣　熊大柱　何少惠　苏大图
靳振家　缪家耀　詹瑞琦

班级：5202

蒋红英　顾铭言　黄曼丽　任文煦　董木兰　梁　禾　曹　泛
王靖君　黄毓秀　南伯龄　张光惠　赛从瑞　潘学文　张白恽
朱明武　罗光辉　胡万芬　闫铁梁　李炳桓　余荆生　陆轶尘
沈力仑　夏同桴　王世樟　姚肃昭　张志静　汪纶栋　李亨标
李万全　王嘉胜　刘长乘　王淑育　施益洪　周民裕　陈天奇

班级：5203

潘广钺　华　群　任树森　葛声洪　贾叶城　汪淑度　郭宪达
张鹏万　方日杏　马翰秋　何广存　陈文仁　邵日新　汪复来
赵国强　董光槐　方中淮　韩树人　朱华邶　杨永宝　滕树柱
姚颂荣　杨丕钧　杨天牧　郭启全　潘恒生　杨位钦　王家璐
程国光　连企厚　邓申生　易振良　江季麟　吴志新　贺修桂
黄光荣　薛汉辉　刘沧海　林俊乐　曾金木　范国俭　裴先惠
霍静娴　张守辰

班级：4521 机（5204）

尹庆南　曾　科　顾宋乐　贾连城　柳　晴　任发潜　林锦廷

张怀三 刘景芳 马宝华 王宝兴 黄贵忠 刘广文 丁金男
董庆民 刘淑敏 侯景伟 秦宋乐 刘毓湘 陈经梅 黄润恩
张守义 尹庆男 罗 庄 刘义汉 许舜昌 高作霖 刘丕伟
高乃同 陈光辉 李禄阴 王润田 田广业 高学仁 侯金颐
汪章理 周振岳 钊希田 李希圣 徐天然 刘致仁 黄贵忠
潘 坤 甄 泽 高文亭 郭成霖 蔡国伟 张乃发 刘东成
蔡汉钧 谈超伦

机械工程专修科

班级：5201

梁伟新 张一奇 陈吉棠 彭年勇 陈广德 姜馀恩 童绳武
张宛尧 王瑞林 王阿娟 于肇智 冯荣兴 李家棋 苏振华
相重琨 剑兆万 周何飞 金纯贤 严 怀 裘时阳 叶近云
时汉英 朱合义 张祥云 童若莉 王 丽 宋盛荣 刘大贤
陆慧娟 杨植瑜 陈乐贤 石超玺 海 燕 史桐义

班级：5202

任铁梅 田永松 赵 佐 鹿玉章 孙克荣 王学乃 熊锦武
赵国桢 梁代福 段 勇 袁映清 夏武峰 鞠贤远 佟树棣
张介琦 许慧英 尚霖茂 沈 乃 曾忠炎 沈国泰 应书忠
杜锡荣 王 贤 陈冠群 沈钟栋 余学忠 徐振鹞 徐秀琴
袁寿生 李世传 赵培忠 陈德仁 王英华 陈丽馨 陈国珞

班级：5203

徐 锐 段永桢 刘慎言 曾祥符 白耀光 左志成 杨 文
张必烈 蒋正夫 邓 平 王 水 李纯珍 甘莉君 任志平
田龙第 刘家竞 巨绳武 廖际云 杨曾复 赵进起 李桀元
邵国斌 夏同官 吴启民 王永熙 余祥新 陶德伦 陈善胜
沈松如 沈树良 张星申 赵春雯 陆树弟 李澄炯 周有良
陈维本

班级：5204

胡久明 钟澄江 刘百平 马景融 伍允义 杨和金 王光炎

黄文汗　贺继儒　陈一明　张文浚　周宇光　张洪鐮　白德忠
冯文澍　程振庭　唐世庆　曹孟贤　栾明璞　金振宇　魏鸿震
赵万达　银海福　柴常信　陈英粱　周天贵　孙鸿声　裘时礼
朱广年　陈　烈　顾昌保　史元林　周万铭　李福元　朱世亮
许廷森

1953 年入学名单

53 机

陈国奇　燕永器　方　英　吴　煜　林幼娜　张　惠　周　彦
黄茂林　高惠中　周召达　杨卞眉　刘利航　殷爱群　马廷萱
邢洲勋　白万荣　周　行　朱明成　蒋恕安　钱明达　谭志骞
李兆璜　胡　玲　罗裕明　范垂裕　王克中　李永光　刘景璋
陆学凯　江家藩　冯朱何　徐秀贞　吴明和　葛守泰　祝　健
吴廉中　赵一华　田荣禄　李瑞田　佟长春　张家麟　张世臣
林印理　马时芸　陈　豪　章　政　于正心　彭长清　王可励
康振雄　王砚耕　王一凡　任凌云　吴光震　王祖赐　陈思颖
张风竹　李自通　陈文孺　李　琳　王颂康　李　玺　冯惠昌
张　珍　苏　齐　吉松英　马福全　刘瑞芝　陈葆生　曹嘉琳
冯秀清　翟春浦　张桂林　陶逢茹　王士俊　蒋　逆　赵文惠
魏荣果　丁金仙　夏启宇　张崇久　姚劳堃　李崇环　刘延珍
王肇恭　崔美丽　朱治强　李铃年　刘霈霖　方远翻　马秉华
崔天民　李运元　丁思白　申蔼论　张志文　王锡英　刘文光
郑志鹏　郭玉瑛　张德祯　黄福求　龙赣云　王燕梅　董少峰
盖铭杰　武桂梅　葛先增　陈大勇　李　博　盛拱北　李心波
张祖圣　张天相　张世杰　洪萍萍　章家森　李玉坤　李汉杰
衰文娴　王钧明　赵鹤俊　韩玉书　聂来发　罗　刚　王鸿儒
丁镇贺　樊绪纶　姚重华　苏纯智　翟树媛　罗傅沛　杨双挥
袁犹龙　许绿漪　刘纯夫　李锦峰　孙筱苏　王世栋　王锡奎
胡芝林　周嘉蓉　王　慧　谢景连　姜法中　曹肇敏　架庆仁

段绍循　郎志正　宋家福　尹寄文　锺　耀　蔡鸿详　高中良
杜友松　贺华宗　夏春普　周端模　李崇权　胡鼎勤　陈毅生
王中正　曹　敏　徐守剑　陆良才　白铁英　杨　奎　戴名纯
程至远　张风岐　赵居毅　周思益　杨焕明　赵瑞生　张云飞
杨光新　金欣中　邸玉华　杨百荔　李开源　秦月贞　曾晓华
赵启骥　郝宗泽　于植桂　李文燕　刘爱黎　郑克康　陆巨曾
白文清　杨治荣　孙贞运　王甚诚　乔良镕　刘凤岐　高志让
张延禄　汪廷杰　王金达　舒同林　陈邦值　张炎培　王孝芸
卢纪申　孙辉洲　廉升昌　赵　周　张桂生　任东山　夏瑞明
秦瑞兰　张秋霞　塔里亚　常寿彭　凌岱华　朱经曾　熊友祥
战启光　田文彬　李振武　朱耀升　田清政　邓之虎　秦有定
钱家鉴　王　堪　吴国杨　缪经银　李月雪　金顺义　蔡景恒
黄士元　云贤鑫　罗杏雨　贾　茂　余先知　陈鸿耀　郑秀琳
李英如　黄陆光　龙纯璿　杨　瑜　杨松林　朱印琪　陶　筠
杨藻文　李绍林　李明蓬　巩玉勤　赵立三　高　林　田杰魁
李士奎　王　坷　杨继康　王春庆　梁叔平　刘传礼　李厚华
周绍为　陈　恺　周永信　吴泉信　李国华　许树京　汪邯群
何厚生　度振邦　虞瑾瑛　单成荣　仲正华　许宏侃　彭声亮
张友琪　李艾英　张立人　张述曾　骆思瑞　车守茂　左长庆
沈福娟　丁杏班　耿宪骅　沈文宝　陆维钢　贾正明　徐惠诚
王佳绥　胡允立　徐素芬　云佳贞　张月娥　顾雪芹　唐正浩
曹冬孙　虞树英　陆　佩　陈长元　张祖安　王邦益　萧一揆
孟若愚　陈佩玲　吴尚礼　楚国荃　杨锦瑜　曹世良　牛之宣
郑沪生　孙耀南　陈鸿钊　葛文达　董寅初　杨锡瑢　黄树宝
林德仁　蔡承吉　应新龙　汤圭尧　王上骝　戚永泰　陈元炎
唐瑞祁　何祖舜　高秉智　徐夏英　程正贤　陆桂康　曹玉琳
沃长生　邱贤佐　茅志成　桂雅英　乐秀康　张焕荣　赵汝珍
郁芸芳　朱建城　郑宝森　张根宝　蒋沪之　宋莲葩　施土围
杨耀宇　何弘明　包琳玉　宗云青　沈永财　高锦华　庄一鹤

陆福民　钱仁华　袁孟昂　刘康堂　陈国宁　周之伟　杜国华
邱松发　陈察衡　项为德　侯微明　姚康年　袁曾风　施引祁
林舜娟　徐业梁　杜禁中　唐宝英　金薇芬　江亦龄　张健中
徐启桐　虞可伦　沈润华　叶水珍　施　瑛　张瑞云　王传基
黄汉刚　姚昌仁　徐宏敏　刘伯顺　王崎生　冯国栋　王　刚
管善扬　胡玉香　张桂莲　王品娟　周　治　王继高　杨凤山
宋椿年　王源荪　梁大华

1954年入学名单

班级：7541
安志兰　张宝平　翟炳忠　尹锦云　赵良登　王德铭　谢瑛华
张锦云　王友民　罗朝栋　李金泳　杨德和　张　锐　谭天德
马　正　李冬生　傅荣安　王行武　洪时祜　罗绪云　郝树杰
陈仁章　金铃坤　佟世开　李德峻　杨我喜　黄青元　解柏松
刘映蓉　言秀玉　李常康　谭德增　杨顺修　胡怀忠　王宗镛
范培基　郑芳岑　周光远　程存礼　陈志舜　谈行华　蒋明学
黄文祥　侯竹林　刘奎文　武秉义　严金良　袁晋良　刘洪新
万倩芝　熊长清　李绍白　李丹若　陈维波　周慰慈　锺希圣
韩世敏　罗洪成　王君琪

1955年入学名单

班级：7551
陈子华　潘　辉　钱洪成　周　菲　高昌奎　李紫光　黄玮水
吕寿福　王广富　王妙金　张殿芝　董存胜　谢　斌　奚大勇
黄正平　何雨丙　陈旦鸣　杨俊能　王伯枢　黄存尧　谈景煜
简平清　刘伟钦　张有义　郑开智　邓贞禄　骆文仪　刘兆民
尉迟明　吕宜家　钱桂林　魏振盛　张中津　杨德隆　钱必富
顾云生　郑武成　刘淑贞　瞿林森　周申如　谢高第　顾锦林
高德安　周俊永　严一森　张红英　茫　禾　陈光远　徐永年

梁德裕　郑武成　张洪霞

班级：7552

王铭德　杨仲奇　项建石　徐义方　茅铁华　程国元　刘椒芳
李国风　周石武　朱良宏　铁铁清　杨少惠　向基良　王煌先
丁本盛　曾象志　刘裕乃　余　润　陈禄瑜　蓝缘波　张英德
吴学贵　金佩琳　肖致和　顾映芬　戴可华　钱达人　李德晃
张光顺　罗连纮　孔繁敏　罗正和　李怡宁　王炳南　李维志
祝守荫　吴自由　张志徽　潘中和　张本彩　傅祥福　汤野浓
杨启芳　黄材家　汤荣芳　李雪诗　向志夫　袁渭德　朱恩钧
杨春明

1956 年入学名单

班级：7561

王泽民　王水林　王兆臣　王魁安　方大忠　江祖莛　于维廉
李志初　李英畏　杜振华　沈志有　叶福义　李慧芳　吴祖同
周德瑞　周大正　周宝祥　何芳珍　张再花　张文田　袁来恩
陈友文　孙赛兰　陈守正　姜洪连　梁　杰　徐端义　马丽娟
范爱龄　耿文君　冯洪福　席秀曾　曾玉麟　傅秋成　郑桂求
曹毂民　翟淑雅　蔡佩华　蒋爱兴　朱志忠

班级：7562

卜椿源　方昌成　王伟全　周以兴　何孟芳　朱哲生　胡柳庄
刘志远　刘宏明　邵守兰　沈慧明　马儒英　马秀霞　查保谦
唐汉云　唐长荣　章士川　常铁明　许剑浩　金雄飞　金稀民
崔铭玉　李桂兰　你　槐　李蜀生　陆瑞文　高杰英　高锦成
须承本　陈文华　徐长生　徐文昌　张书屏　张鼎裕　张福海
杨正时　葛瑞留　董开丰　禚庆先　裘乾金　屠湖贞　寇铁船
谢智来　奚大涌　向星良

班级：7563

王芝娥　王文恬　王陶吾　史建基　朱观新　朱鑫麟　林　彬

宋培风　叶　彬　吴学易　胡绪发　荣瑾仙　徐尹初　黄国鑫
黄生贵　徐魁智　刘可晴　荆小玲　郝之让　高霭昂　程民辉
李进祥　李惠宁　邓荣恩　陈方清　潘兆麟　赵衡阳　贾建宪
盛建文　蔡瑞娇　贺曼罗　张泰山　张建洪　郑隆鳌　蒋惠贤
蒋宏茂　盛正才　孙建伦　孙巨川　孙念平　戴宁远　鲍德龙

1957 年入学名单

班级：34571

鲍去病　唱　仑　陈国藩　陈瑞祺　陈寿祜　陈无逸　陈运筹
程绍义　董乃敏　冯玉琦　傅克敏　高保华　何崇文　和丕诰
胡纯康　姜文虎　居乃鵕　李　瑜　林佑任　马冬芳　孟选桂
钮庆珠　潘泰来　钱仲兴　芮振伟　孙　黛　王广铎　王　静
王彦章　王作光　吴　恺　吴明金　吴文鉴　吴正海　张文宽
赵纪奎　孟繁玉

1958 年入学名单

班级：72581

程其仁　田正福　王茂昌　王玉贤　计云田　张传海　胡克传
佟文玉　何进孚　李圣灵　王邦泽　王奇全　张务川　王振山
马玉兰　姜铁中　于士和　陈芳莲　李祖昌　王德福　王世昌
孙佐吉　刘英才

1959 年入学名单

班级：71591

陈英杰　斐锡朕　俞　洋　刘绍先　谭尚忠　林选治　于玉秀
李振择　张文镖　王春平　张显忠　潘桂兴　孙克举　吕秉德
韩建武　孙瑞全　王达民　许美顺　郭文亮　李启贵　王绍志
谢练芳　刘开钧　李庆春　刘春华　李景龙　张秉铎　程瑞华
李秀如　赵修业　魏旭云　刘君梅　周树芬　于鸿钧

班级：72591

曾桂英　丁光宇　关永明　江承德　金玉喜　金志立　林辉金
刘世豪　王麟萼　王永泉　吴国余　徐静亚　闫海亮　杨柳春
应关龙　虞万富　张炳坤　张国治　张开增　张敏安　张忠谦
赵　沛　张国湘　曾维福　陈家梁　李改运　林永士　潘丽贞
吴绵绵

1960 年入学名单

班级：71601（陀螺仪表设计、火箭战斗部）

张玉莲　曹宝发　陈仁信　张淑琴　王宏甫　顾洪业　乐双泉
沈素琴　童爱丽　黄德林　谢信兴　汪　菊　姚昆瑶　俞景炎
殷正和　俞祥民　汪乐增　高树森　王桂霞　林育宏　周维良
吴　玲　郑瑞良　赵文广　周长冉　武全林　关国枢　贾培盈
贾振杰　杨钧和　李同印　段福礼　叶国雄　冯玉英
额热德莫图

班级：72601

方录寿　孟眙东　唐盛和　王凤歧　王福录　王经政　王盛昌
邢栓牢　张希根　曹顺生　董慧君　鄂国承　李宝山　李建业
林祥珠　宁滨华　任瑞伍　申宝光　施宇澄　寿燕山　孙曼云
王佩珍　吴元增　徐振权　宇仁玲　赵　仁　刘淑敏　陈翠英
陈清泉　陈颐芬　李保英　李斌超　严江河　张德顺　张黄生
张文源　朱志贤　冯炳华　曹德俊

1961 年入学名单

班级：71611

高连峰　胡永德　黄宏儒　刘光武　吕厚谊　马振兴　毛齐普
沈良棋　袁正宁　翟运富　胡英聪　刘忠魁　王　芬　李秋明
马威威　张旺孝　杨毅波　张保田　董尚智　乐俊海　刘　诚
马保瑞　马奎珠　万文华　徐　卷　杨素勤　杨学良　商岳绪

班级：72611

马　韧　王伯田　叶恭法　章伯申　于俊花　齐　克　黎素芷
黄卫民　王守宇　陈春雨　高国华　郭世杰　李　影　刘辉延
刘日新　刘秀娟　吕福财　苗振保　张建一　许德周　王绍君

班级：73611

黄锐英　陈关林　方家蕙　苏晓波　张志超　谢耀锦　王庆禹
方全生　朱敬玉　程振球　韩跃松　吉同宣　孔祥山　李得然
李志忠　宋多法　孙厚芳　王丙成　张建民　冯淑华

班级：70611

曹外仁　曾志才　陈均和　邓玉德　高士法　孔祥云　李成涛
李振坤　林惠远　马德山　潘元杰　彭奇伟　邱坚汉　任修礼
商岳绪　滕昭华　王绍君　王维强　魏芳锦　闻荣亮　吴兆远
许德周　杨毅波　雍世余　张基仁　张兴权　周金根　周作恒
陈传梁　陈贵恩　邓鸿来　冯润林　刘兴科　魏麦馔　张连源

班级：70612

曹丰源　李冈德　李志忠　王丙成　诸桂明　郑玉征　周福枢
朱惠林　朱敬玉　郭连春　胡传发　胡传友　华金青　黄学文
李德成　李相志　李振宗　罗仁恕　罗绍宏　马如弼　马秀锦
牛玉华　潘家骥　任国林　汪志远　王永良　杨祥云　姚洪生
张明余　赵庆春

1962年入学名单

班级：71621

张志和　黄之初　刘树才　刘晓文　牛树人　王　贤　卫恒耀
于汉秋　张宁静　曹俊明　陈名恒　黄志高　林绍卿　罗约瑟
杨　冯　杨之铨　郑贵泉　张文生　冀晓华　孙以萍　王曼丽
王伟国　张守仁　张淑莉　郭兴华

班级：72621

马燕渝　同立鹤　王小媛　徐作良　周万起　张贤文　赵岭荣

郑继荣　赵升初　郭金太　蒋雪珍　李淑筠　李玉林　刘新连
陆裕祁　宣淼珍　杨锦武　杨锡坤　郁凯元　张百万　张西江

班级：73621

左随军　边信义　韩文宗　林　延　刘汉宗　鲁成俊　戚宝华
钱绍基　时金勤　孙人和　陶玉萍　王守尧　王燕生　温兴旺
张天祥　郑向旭　孙广兴　张江生　高利利　李锦秋

1963 年入学名单

班级：71631

王晨峰　刘勃华　张杜界　罗小英　宋增平　杨庆苏　苗盅铭
鞠福生　祝明廉　邓明德　胡扬驿　刑振玉　李　勇　胡逢祁
邹香保　温士元　雷　风　周芮凯　陈健锋　陆震洲

班级：72631

范瑞麟　纪小纪　孔琴祥　刘璋永　皮金宝　王　昕　朱振岭
张竞成　郑良范　包金哲　蔡书仁　陈玉江　范天锦　高来志
高尚通　李爱玲　李同心　刘震寰　穆仲泉　史　钦　唐玉公
王大顺　王喜成　王晓红　王耀亭　吴语悦　吴玉凤　徐范里
杨海林　张孔麟

班级：73631

田文毅　刘新德　周东瑞　左庆普　王焕堂　鲁克定　曹礼仁
陈福民　邓庆松　高素芳　郭水根　李定宇　刘法强　刘淑清
刘筱安　钦祥胜　史兆斌　王继荣　许采龙　许复兴　张申官
蔡云珍　杨延珍　周云俄　许道生

班级：73632

刘宜汉　陈友德　蔡耀江　朱治贤　邱阿杨　刘荣贵　刘道河
衷洪江　方柯樟　王安国　郭月明　翟作仁　王育中　陈惠平
冯玉斌　郭盛誉　荆延章　李福生　李昭国　彭佑祥　沈　娴
沈新妹　张玉清　荆宝旺　曹隆昌　王青波

1964 年入学名单

班级：71641

程乱镇　褚北瑾　王昱德　袁明健　王有明　武燕芬　张瑞光
张友明　张　岳　白贵昌　陈炳南　陈连根　陈　雨　高秀英
黄彩芳　李志民　刘鸿宽　刘玉梅　龙福海　吕丰楷　沈继平

班级：72641

刘东明　王少烽　肖鸿禄　杨学书　杨志民　尹发恒　袁贞言
张淑敏　张玉莲　陈少白　陈长英　龚秀娟　李谈文　刘福岩
马建秋　牛红玉　孙仁泽　温燕城　吴开振　徐康成　严仲戎

班级：72642

陈超昆　盛启群　王天平　王临宁　魏显祖　杨发祥　张贵福
张寿民　左德庆　常学直　葛和平　季小燕　贾秀兰　柳　林
吕玉林　毛湘丰　庞来源　彭　培　钱家群　陶世群

班级：73641

仇英章　杜盛银　辜凤仟　欧阳勇　吴春霖　邢惟家　徐锡林
薛国镛　杨嚅芳　杨在鉴　张启国　周凯婢　饶水水　石灿良
王国底　王万朝　吴德聚　张秋明　陈云薇　程顺同　杜仙绒
韩国栋　贾占林　李传海　李惠芳　李天佑　倪新民　齐明兰

班级：73642

韩基玉　贺米林　李有兴　刘运平　吕玉冲　赵敦义　马玉兰
孟淑坤　吴荣庆　张春田　张贤南　崔振文　丁振声　段长生
方达人　黄佳云　李春园　李德禄　李　钢　刘静俨　齐立平
秦德娟　石华章　孙福生　孙明权　谢租光　于腾炳　周金峰

1965 年入学名单

班级：71651

杨雪钧　张涤廉　朱廷尧　王丽生　王希英　王毓衡　谢德庆
徐守发　张秀贞　鲍振杰　方小多　方小明　李定凡　李介球

卢斯维　罗志学　骆永祥　秦芬英　石政民　田迎利

班级：72651

董福禄　董拴英　劳良鑫　刘北平　易英妹　张贵东　赵蕴珍
周永信　张福仁　陈和贵　程寿龙　崔怀华　高学忠　黄凤止
黄　元　姜忠波　李发亮　李行仲　李嘉荣　李　毅　廖杰华
廖子杰　戚久信　施伯生　王修宝　魏书霞

班级：72652

洪庆堂　陈菊生　程荣福　董秀兰　符燕飞　郭文来　廖万海
刘凤鸣　孟祥泽　潘学林　疏世和　王锦富　王有才　姚树建
张维翔　张　新　张新爱　赵树信　甄建国　仲崇娟　朱水林
康赐凤　任宝泉　任志忠　王在树　肖万德

班级：73651

龚建平　安保力　曹振宗　仇振斌　郭志仁　黄汝棠　江华英
姜继德　雷秋芬　李惠梅　李秀凤　刘翼盛　卢良度　尚运生
苏景昌　孙家强　王传文　王密元　余仙童　张迪平　张尽忠
赵西京　高振光　薛鸣歧　姚爱华　俞升志　钟泰林

班级：73652

孙林华　曹顺基　何建斌　赵景惠　韩连生　李曼丽　蒋爱珍
林祖钳　曹达仁　陈志礼　宫秀茹　何冬松　刘金亚　钱律阳
吴润东　翟建国　张实华　赵金祥　朱　强　萧诗林　杨朋信
陈鸿印　季德成　曲荣蕃　余大者　张涞涞

班级：73653

鲍凤岭　马天赐　马钊龙　孙传聪　王宗启　杨维范　王惠民
张万芬　张天春　邓爱云　杜方谧　高同德　郭建业　黄廷俊
姜双智　蒋建伟　李焕荣　李新平　李亚呆　李宗考　苗华萍
钱海明　汪子俊　王喜才　肖庆云　许显棠

班级：76651

单土庄　荣淑芝　杨景金　李红民　甄友富　肖伯全　杨曼文
张行林　赵永亮　陈前友　陈长新　葛钟柱　李　丹　李德春

李际秉　李绩浩　李世全　李文生　李小海　刘同波　苗华庆
潘德顺　曲鸿武　沈　平　石广生　石熙康　苏传荣　唐志和
王碧英　王贵歧　王化权　吴素梅

班级：76652（76 专业、43 专业）

叶永福　安素洁　陈绍全　陈学纯　冯景文　高贵玉　郭海生
华春友　李维珠　刘学盛　栾玉玺　马玉修　乔景印　孙光友
潭清洪　王国义　王秀兰　吴　诗　谢富能　张阁生　张鸿恩
张家臣　郑秀芳　邹立仁　王玉香　杨祖乾　袁崇真　秦乾元
徐广财　杨　富

1972 年入学名单

班级：73721

芦雪花　曹祥庆　陈武斌　董光辉　段生彦　顾林莺　胡京爱
李二社　罗泗演　马国兴　马守谦　宁秀福　石玉杰　孙金贵
孙坤明　唐承统　王东林　王明福　王一平　王增顺　吴昌大
熊昌兴　严放开　于明义　张家胜　张丽娟　郑吉碧

班级：73722

蒋骏华　吴荣阳　郑承鹏　丁江霞　董艳滨　韩迎春　何唐英
李俊元　李顺喜　李永友　乔士传　屈继祖　宋光威　孙永柏
王传祥　王兴胜　肖玉娉　邢耀珍　阎榕榕　杨仓海　姚传新
姚　芝　张之敬　张子清　赵新国　周紫光　邹继德

班级：73723

赵文海　陈继先　冯国兴　何素云　贾春德　李　萍　李清华
李天喜　李文新　陆　宁　陆志忠　吕春华　马俊禄　冉桂兰
时　英　史彦敏　孙秀兰　田长战　童汉生　王旭东　王有录
武义生　杨晓瑞　于晓华　张建平　赵文惠

班级：73724

陈其鸣　陈忠贤　范宁军　姜安荣　焦秋菊　李　东　李克敏
李铁平　刘应才　路诚宝　罗绍斌　吕铁锁　孟庆平　那启俊

潘连军　拓林桃　王贵杰　王　伟　王耀春　吴德生　杨胜利
张俊杰　张玉琴　张子钦　钟光太　周建华

1973 年入学名单

班级：73731
毕玉英　陈　波　丁民顺　高均平　高少军　顾世鹤　韩振民
胡兰莉　黄俊权　黄祥生　金鉴康　林玉龙　刘柏祺　马秀芬
苗全生　宁慧娥　邱信理　沙丽君　宋祥生　苏殿奎　田桓祥
王官阁　王厚玲　王辉明　武玉和　许　俊　杨占启　于志强
张玉柱　周顺德
班级：73732
蔡宝玲　曹战平　陈崇生　陈建松　陈澍我　崔利群　邸国政
丁广武　董清雪　何　岚　胡长英　敬　宏　李杰峰　李小银
林恩义　刘继才　秦大军　邱海宁　唐旭川　王　斌　王积善
王玉和　吴长国　薛启智　余明清　张风和　张复新　赵　鑫
钟灿成　周兴起　祖　建

1974 年入学名单

班级：70741
陈登阁　程哲理　耿文章　郭全钧　郝书良　黄克诚　李桂花
李维臣　李振伟　梁书勤　梁永义　林家庆　刘仁杰　刘延伶
骆　才　马世俭　孙佩璋　田佑才　王俊岭　王连仲　王有发
魏明义　杨龙生　杨运利　于延明　于振海　臧发顺　张海山
张继星　张新华　张荫利　赵达敏　赵景元
班级：73741
柴明喜　陈明辉　陈文靖　楚永辉　崔丽娟　单成玉　方智定
公丕忠　韩春荣　黄连金　李　刚　李静波　李印峰　刘国良
刘景华　马沪婴　潘书湘　潘　兴　彭瑞清　宋勤章　田先鹏
王保奎　王　磊　王美玲　王秀勤　王玉兰　谢秋华　薛　峰

杨巨安　杨振英　杨作良　于　良　张玉山　赵寄京　周晓春

班级：73742

蔡兆宏　陈桂云　陈锦钊　陈石堆　韩昌江　贾国谦　李冠甫
李杰菊　刘　晋　麦成柱　莫金贵　穆广姬　齐春萍　荣为民
苏明安　邰祥支　童庆居　王安平　王惠琴　王俊明　王学祥
魏春帮　谢德学　杨国庆　姚丹晨　于玛丽　翟慧华　张丰海
张立亮　张连考　张　敏　赵永明　赵振昌　周光荣

1975 年入学名单

班级：73751

穆让琴　曹　磊　贾忠仓　姜列巧　李建民　李收丰　李舒柯
李应胜　刘都乾　罗乃存　马　强　彭泽亚　宋庆国　宋伟建
覃家源　谭宗明　王　华　王学广　夏选桥　许任先　杨文灿
杨秀菊　张清祥　张文兰　张新代　张忠炳　赵平五　赵文彪
郑树权　周福来

班级：73752

白昌凤　苌永和　陈自国　邓永珍　冯本瑞　黄甫增　雷印玉
李埠生　李道存　李德荣　李海奇　李　扬　李振南　刘嘉成
刘立新　宋筱平　苏忠谦　王爱琦　魏秋玲　杨代玉　杨俊义
杨思玉　杨香娥　杨耀双　张昌寿　张春彦　张义兵　张志坚
赵连和　周光平

1976 年入学名单

班级：71761

肖　平　罗明忠　黄建雨　姚春臣　梁英豪　王金保　董建华
陈榕光　惠国文　范　毅　吴树清　胡　玲　盛自强　陈　强
王海玉　李佳能　吴宝生　徐学仁　吴　荣　何元成　赵风诚
戴福元　王永建　刘永清　谢玉培　韩新明　牟少春

班级：73761

王　禾　马朝平　刑尚基　马卫东　李成久　方　立　刘朝臣
刘彦明　周佩玲　王淑惠　李　英　杨桂兰　潘建英　崔焕荣
陈爱华　夏银华　曹先亚　刘华新　温秋来　周　顺　张　靖
刘全林　万昌镛　王伟平　邹泽山　陆奎泉　宋　涛　刘春生
刘振国　何秀海　克一力　姜恩富　李二志　罗和平　张汉生
杨敬伟　杜培国　周　君　张乐仁　李朋海

班级：73762

杨孝振　梁　楚　陈建芬　常　长　朱三元　卢福新　徐思敏
张福长　庞秀艳　诸秀文　曹羡平　石玉普　周国兴　赵　青
冯卫东　张采丽　王云芳　程　明　万东霞　周琳玲　赵邦芳
邓宪生　李文智　贾如祥　曹庆民　丁海彬　王　男　陆秉云
宋甲武　闫国华　巴　特　郭锦锐　喻金娣　韦美区　武国胜
王贵林　赵勇强　张　健　刘国良　龙小仲

1977 年入学名单

班级：73771

江鲁夫　霍子未　吴保善　贾芙贞　郝　建　张云电　庞瑞华
沈克诚　张建浩　樊桂森　葛春爵　仪垂杰　杨孔珠　王东兴
王晶晶　张京生　王燕军　古春岭　赵光庆　仇　力　邢卫平
李和平　韩　奇　陈　勇　杜京松　徐　进　黄建新　赵　杰
秦大斌　段小平

班级：73772

祖国庆　田警惕　韩选民　谭少华　范莹莹　乔立红　贺　鸣
杨志兵　张君安　陶　放　卫延令　史秀兰　徐达元　于玉民
张学军　金志民　吴忠毅　庞　浩　荆　俨　关一凡　于福林
郭小汀　李福华　刘丙午　王　凯　吴小琪　邓　哲　何博雄
骆卫平　赵　坚

1978 年入学名单

班级：71781

马学德 付恒升 周秋生 于卫东 杨红旗 葛海鹰 侯 琦
姜鉴明 耿学红 陈 力 陈新华 方 鲁 冯志明 韩宇宙
黄 宇 李宝林 李耀均 栗 溶 刘新华 潘小夏 齐 放
钱北城 石南辰 孙 刚 孙海涛 田富生 王海滨 王 力
肖 年 谢伟明 谢伟吸 闫泽涛 杨 钢 褚 杨 赵国凤

班级：73781

欧阳宣 周耀华 于兆勤 赵容旭 鲍广明 蔡 颖 陈 柠
戴德兴 戴毓平 董卫平 龚大路 龚 欣 黄永祐 梁 燕
刘红俊 刘 佳 刘晓红 张 兴 刘学伟 刘英敏 马小明
邱敏学 宋卓亚 孙建章 谭 奇 谭穗光 屠加伟 王德林
王建生 王京海 张文建 王伊凡 温燕朝 徐 红 徐 强
杨三序 伊启平 张 宏 易可佳 易文云 岳维平 张富全

1979 年入学名单

班级：71791

刘化强 张越平 高国兴 刘 胜 韩建民 李树华 汪清泉
宋 伟 王一凡 胡延泽 陈德祥 赵建秋 雍镇生 蒋凤如
毛青奇 樊 樵 曹会成 纪广明 李连贵 钟荣华 苏 航
廖群刚 鲍青霞 常 宏 侯爱琴 李和章 李景亮 罗正根
田 军 王邦龙 张小忠

班级：73791

高天利 邹 平 张天兴 何中伟 冯广生 李凯宁 梁宗华
安小明 陈国栋 陈 伟 方宝林 高 阳 郭卫健 何永熹
胡春生 黄春华 蒋 平 孔宪旺 兰玉明 雷勇涛 李 飞
李 玲 李铭健 李 侠 张国珍 林 贵 麻勇武 马 健
牛庆祥 蒲军生 秦振山 邱广华 袁廷銮 唐建新 王潮生

王国平　王文铎　王文利　吴小舟　吴晓春　杨嘉明　杨守君
林　峰

1980 年入学名单

班级：73801
熊德文　丛者也　丁年富　曲维堂　韩蜀毅　何吉川　郑　江
万　雪　彭自力　丁　炜　付　强　冯晓华　施　涛　贾国柱
宋志刚　陈剑平　罗亦农　于　昆　耿金鲜　于年富　于　旭
邹　焘　任文杰　黄　明　戈北京　马　明　黄锡萍　钱光辉
张润武　李尚奇　彭国荣
班级：73802
赵　进　盛跃章　李兵义　常开石　刘卫军　安　心　郑　焱
王如军　杨卫新　殷小兰　王惠民　陈　娟　郭建富　王　兵
万建国　付汾滨　顾立新　马文毅　周晓波　刘　力　王建庭
王　斌　张效宁　方　艳　何　潜　曹景波　张守明　林智敏
赵　丽　陆　勇

1981 年入学名单

班级：71811
于　捷　王树茂　申云祥　唐昱荟　张　兢　关焕志　陈　俊
郑　凉　马金平　丁　强　苏　彬　吴朝军　姚立广　张文竹
解乃强　万中景　欧立晋　李建民　王福兴　宋凤春　翟洪利
张宝瑞　崔建毅　秦兆明　肖凤辉　彭继平　蔺淑香　邱爱民
林　飞　张卫军
班级：73811
吴志刚　蒋旭荣　杜　进　潘东平　赵小龙　俞银祥　冉旭东
张志强　罗西原　蔡　嵘　白震平　张　敏　钟永东　李瑞琴
马　龙　关　馨　赵　波　王德海　何正发　王　皓　马金海
许德旻　刘占平　张建明　李为民　毛庆华　李　芳　殷红博

王中奇　刘贡新

班级：73812

廖雪青　徐春广　李　权　朱遂予　刘艳华　王效久　夏东阳
李正洪　王军强　黄　雄　杨继承　韩登营　贾　高　史秉文
何腾云　王丽霞　徐　笙　熊运昌　徐华庆　李普天　王清池
杨希文　樊　筑　李学良　吕　武　沈　彪　何　旭　曹　霞
邹国春　储德涵　李兆祥

1982年入学名单

班级：71821

李晓鸿　牛昌平　王思涛　徐　伟　吴其群　朱长春　刘冠华
程方林　温建盛　周家运　董绍杰　周友恒　高剑青　高景发
宋景山　李志超　楚延平　王化春　郭会明　白成辉　尹慧明
滕林行　景全民　孙　宁　郑　洪　聂建峰　吴建军　韩世福
于景春　赵凤翔

班级：73821

杨金玉　李贵助　胡家飞　冯大海　吴彦平　彭双宗　周　勇
任国栋　杨志民　沈慧娟　郭绍华　马天颖　杨　浩　李　华
李　黎　熊　伟　张　旭　于富挚　李凤龙　赵　欣　延红欣
杨胜军　蒋　宁　鲍少东　杨君良　尚宝平　黄汝涛　霍宇翔
季明新　李春梅　刘　丹

班级：73822

郝永恒　曹豫吉　瞿仲昭　宋　冰　王建昌　张大庆　韩宝民
杨志杰　聂光义　黄宝育　李冀川　李官清　幸　福　宋　嘉
周育清　陈　良　关高生　洪　强　黄晓海　蒋菊明　张培吉
梁　毅　刘兴文　刘跃东　瞿加林　王　靖　王　勇　于大春
许广智　闫驰蓉

1983 年入学名单

班级：71831

薛宗英　李树奎　阿玛太　曹国营　陈秀梅　成文华　崔忠义
付少华　耿少慧　巩兆维　勾锡利　胡　岗　郑海云　李云凯
李长付　刘湘连　齐　征　钱　擎　唐乐群　汪　炜　王安民
王国胜　王瑞珍　王式清　王　轩　赵建国　吴健民　许光辉
杨金龙　杨振胜　张　盾

班级：73831

安玉德　宋德平　朱志国　姚晓兰　毕于福　陈建华　陈　力
陈相阳　崔万植　郭宝兴　贺润莲　黄兆民　贾丽蓉　靳夕平
朱宝亮　林　辉　刘晓东　马　丹　宋满娃　周沐宏　王正星
翁军生　吴寿喜　徐钢涛　许传功　张彩云　张广平　张　亮
周佳新　周骏林

班级：73832

郑　斌　佟献英　曹淑环　成建和　程亚军　洪永强　姜　浩
李春雷　李小勇　李亚鸣　刘武发　吕玉民　马庆禄　宋利辉
孙　珊　汪新明　王守荣　王　涛　王显峰　魏金民　徐德茂
许龙泉　杨国忠　尹　春　张加旺　周顺荣　张　力　张　鹏
周　可　董玉红

班级：73833

刘湘凌　陈　维　朱　榕　万正亚　毕永强　丁淑敏　冯　欢
郭宇融　韩　瀚　姜　波　郎成东　赵四新　黎少林　李　帆
李建峰　周文鹏　梁世有　刘春波　刘翠英　刘　健　刘　昆
刘　新　刘章辉　欧名文　万　辉　王宏莉　王建平　赵庆姬
熊长胜　闫桂梅

1984 年入学名单

班级：71841

陶康庆　牛文斗　冯殿杰　袁其兴　冀建平　卢　航　刘智勇

周　江　谷万龙　谢　勇　白　锋　孙洪斌　田习智　周丽华
苏　杰　刘尚国　严　琦　周永刚　李朝京　冯　勇　金红月
王永田　邓　毅　耿鸿举　胡国华　揭念柱　刘克勇　王乃峰
刘跃东　尚中秀　孙　佳

班级：73841

毕泗元　陈　频　李忠国　朱　正　秦云友　柴彦峰　党文革
郝冬芳　李会玲　李建新　李敬昌　李小洪　梁兴奎　张　伟
廖朝洋　林世剑　马富明　穆东升　潘朝生　沈武良　苏丽岩
王　栋　王　烈　魏　革　肖向前　肖志平　张晨旭　杨　明
杨　英　游建魁　虞志斌

班级：73842

陈运民　梁彦秋　冯　翔　于秀华　贾永杰　陈　强　刘立冬
姚继贤　丁国龙　李文光　赵清俊　李永刚　朱增元　康卫东
王迎春　陈国范　韩晓晶　黄旭东　余　将　李　骋　梁　翀
刘宇锋　罗增勇　莫莉丽　朱真平　秦凤云　全宏堂　王　成
王胜甲　王　莹　姚宏俊

班级：73843

田　天　伊兴航　薄云山　侯保平　唐水源　曹　东　杜　俊
高　崧　龚敬华　苟爱梅　胡建亭　黄　静　况小卫　朱铁朋
李　刚　李进学　李　毅　刘良芳　刘颖东　卢鑫萍　周　俊
孙洪伟　吴方庆　周　华　赵旭明　杨德贵　尹　智　于宝双
张红卫　张继伟

班级：75841

卢继平　刘长勇　陈春平　李红兵　安菊花　崔程久　冯纪云
高红平　周守臣　李广德　李俊峰　李培军　刘红卫　刘　辉
吕玉卉　马俊坡　司怀柱　宋　凯　赵　骥　谭本清　唐　萍
田建君　王宁军　王又红　肖文彬　徐应文　闫晓燕　岳正秋
张苍芹　张智凝　宋天凯

1985 年入学名单

班级：071851

张国刚　徐　春　曹铁柱　代文红　朱彦肖　郭选宁　韩　静
韩　严　韩　勇　胡保东　邹本杰　李云方　朱学元　刘士珺
刘首国　刘雪红　逯艳英　孟旭阳　牛彦肖　邱文平　孙天明
唐　冉　王铁群　吴　兵　谢斌莲　朱世杰　杨飞军　于朝阳
余实文　张　蕾　张武成　周登陵

班级：073851

阎　艳　陈晓东　陈　云　丁　宇　杜永宏　方建钢　韩　巍
侯志方　胡建平　胡俊太　黎　勇　李　琼　李向明　林荣敬
刘蕊文　刘端阳　刘　红　刘红卫　刘来久　彭祖华　王文生
王信琦　吴春飞　吴立胜　徐　畅　阳文革　杨文峰　于晓东
张群武　赵雨田　郑大明　周新国　林欧阳

班级：073852

杨梅梅　曹礼云　姜　东　罗庆波　白留治　陈　勇　范钢娟
付香芽　高洪波　郝玉霞　侯勇强　胡运华　李利平　刘云霞
庞建民　宋永涛　苏　钢　谭建平　唐云生　童铁乔　高洪波
向新胜　谢学军　刑天伟　郑建勇　徐镜钱　闫晓东　杨长春
张　欣　钟　海　周家亮　周志坚　朱　丹

班级：075851

李　军　胡　磊　谢剑军　王国贤　李汉军　毕荣康　赵志强
樊红丽　韩　艳　胡宗政　黄国明　金　明　李国洪　李建国
李　玲　李树秋　刘元涛　龙　湘　卢小洪　全国平　任丽萍
任　林　王存召　王敬文　肖政通　徐　兵　翟会民　张　兵
张　宇　赵凤川

1986 年入学名单

班级：071861

梁迪飞　周　涌　安钟利　刘君武　王全胜　乐可伟　曹大树

曹立新　樊立立　付永忠　甘　斌　周依军　李洪山　李立新
宁德文　潘　伟　秦　杨　孙清国　唐伦科　王　健　王　蕾
隗　琳　谢文胜　闫部伟　郑世月　杨晋玲　杨　佐　张风雷
张　建　赵益明

班级：073861

沈冬远　陈洪浩　郭文华　熊石晔　孙国华　赵博南　蔡　鸿
陈学军　董海波　郭爱荣　郭九林　朱　兵　侯　轶　姜坤海
李胜利　李兴明　李长春　钟学军　刘金圣　宋春雷　王　冰
王洪伟　王耀武　韦清芳　张光伟　武泽永　习军军　杨克龙
杨秀云　易浩江

班级：073862

柏　平　胡志文　蔡兴苗　安　军　朱建国　丁爱民　段钢升
樊　俐　顾彦博　周　峰　胡朝晖　胡　海　康　战　冷惠文
李朝晖　李劲渝　李满平　廖小群　刘丰军　吕纳新　马宏超
买雷宇　邱宏伟　王立洲　王美芬　赵习杰　许庭保　张济阳
张守明　张小民　章　宏　林欧阳

班级：075861

黄　山　郝　群　曾华胜　苟　明　韩　静　韩庆文　李才明
李大兵　邹晓明　李文来　梁　成　刘凡恒　刘　晖　刘苏彬
刘文华　罗　青　潘　峰　阮树斌　佟　强　王建功　赵相权
王小青　王晓峰　郑　辉　王志斌　吴慎毅　熊　轶　薛　影
张建良　张　新

1987 年入学名单

班级：071871

王志国　戴庆平　张　维　赵钰辉　吕晓崙　高华征　张敬红
李玉松　程昭军　李梦宽　谢小梅　任维萍　许海营　孙晓明
王锁忠　孙笑飞　宁小亮　张　慧　戴时军　朱元义　陈　英
郭德军　金长江　卢林松　徐继东　高　嵩　梁中杰　张　萍

范宝东　李贵鑫

班级：073871

赵根林　南方圆　陈立光　徐　斌　周晓明　刘　昊　黄傲霜
王振东　薛宝春　孙　丹　吕　哲　李金玲　李亚宁　周友国
龚乐生　吴　政　李海明　吴健正　张宏伟　罗文斌　赵忠和
张秀芝　曲学江　全世权　由国强　张天荣　孟凡武　李澄平
卢日华　黄　卫　邱宏伟

班级：073872

魏　民　王东兵　王满全　于树春　崔　燚　刘裕超　屈　保
贺　骏　刘咏梅　黄正海　尚建忠　李朝阳　赵玉灿　黄烨丽
周　森　左建华　刘　强　李　春　苗孔友　金耿洲　刘　清
李家圣　刘学军　蔡婷婷　叶洪涛　沈汝淳　薄银根　王　翔
卜凡彬　谈湘平

班级：075871

何慧亮　邓晓虹　郝东旭　徐晓彤　吕少平　张丽华　张建忠
徐承俊　高文华　张　玉　龚涤环　邢　莉　朱战备　刘　毅
周光辉　欧阳静武　刘军杰　赵宝珍　钱　晔　任大刚　金　鑫
褚贵文　张国凤　王　斌　尹学海　仲伟庆　黄建蓉　杨　玮
唐泓荻　陈江红

1988 年入学名单

班级：70881

曹维府　杨　剑　冯建国　王　斌　孙　行　宋鸣镝　刘　卫
周　岩　胡海芳　李文杰　续红明　王金刚　王　渝　何　明
王卫东　陈　勇　王新宏　刘云鹏　黄海波　陈东梅　黄　勇
徐　强　周际波　贾　薇　杨江波　王海樑　陈　卫　吴　帆
蔡哈敦

班级：70882

张亚方　王燕京　张　健　刘广成　葛　欣　王毅涛　王建来

田克勤　史长虹　于宝山　魏德辉　王书强　申世东　李　亚
毕旭东　姜远志　王　亚　徐东兵　何洪波　向雪梅　傅渝峰
杜宏伟　刘　嘉　杨丽杰　许　刚　郑　俭　朱启权　郭立换
吴建军

班级：70883

王一丁　段京晖　李小伟　卢　军　于　雷　王海松　张晓军
尹继忠　尚红权　班秋燕　崔　凯　沈　军　陈海军　郭宏伟
杨一星　陈燕云　杨　鑫　罗银鸿　曹　来　姚世银　左永辉
李　燕　张克吉　林　岚　范　秦　于晓达　王卫东　杨殿广

班级：70884

胡玉珺　付　军　孙尚淳　张　旭　孙霄松　李海燕　赵小平
巩鸿涛　郝晋瑞　燕必希　赵　阳　杨　柳　王　庆　李月强
于广东　曹　峰　游敬东　刘法兵　张先武　张丽娜　余　斌
陈刚金　任显忠　苏峻豹　刘　军　李　刚　王雪飞　郭月欣
纳　新

1989年入学名单

班级：73891

李志全　刘　明　张　宇　杨金柱　吴向东　李永公　安　斌
袁晓阳　李　丹　赵建恒　武　凯　李红康　王国君　吕世丽
庄文杰　周君海　陆　巍　陈丁生　彭彧华　刘　鹏　杨洪君
马树奇　刘　煜　邹　伟　鲁再平　彭正梁　龙亦文　陈玉洁
袁煜恒　张　伟　宗　伟（大一退学）

班级：73892

周　钧　税鸿宇　李　雨　王　淇　胡　笳　杜英军　荆向东
蒋新波　段志刚　原国强　吴宝琴　程　哲　李明东　单永波
杨丽华　魏成壮　饶　鹏　陈可强　黄新刚　李东鸣　熊　伟
巴家利　李　波　何马飞　张宇明　熊文珂　翟世才　侯宗炎
杨洪杰　杨　林　胡　伟

班级：73893

赵立强　甘小黑　张　懿　姚　军　崔景志　冯庆会　王　瑜
李小海　张志勇　何乒磊　邢　野　李晓宇　姜　虹　曲春雨
陈建存　葛　科　舒志伟　王　伟　孙　雷　袁生翼　裴志华
汪小林　龚卫文　彭　植　陈如彬　郑　维　谢　鑫　马晓伟
贺亚兰　吴　阳　何　明

班级：75891

朱海峰　张革军　袁　辉　吕小光　陈庆波　周志杰　李文静
苗鸿宾　吴润辛　刘胜飚　曲向军　祁佐宇　沈　源　茅曙光
郑　斌　韩学锋　刘　庆　张俊兰　马艳娣　何映泽　何国俊
王　朔　孙武英　吴志刚　李应全　于　光　于　卫　陈海英
乔　博　李　冬　张彦富　刘　军

1990 年入学名单

班级：071901

田景和　郭春岩　周建波　史红周　何文军　刘向阳　丰剑波
邹环宇　王　丽　王玉霞　姚泰然　曹建华　高连浩　么铁堃
李　冰　刘洪涛　刘　峰　卢晓煜　孙霞民　王长宝　王晓峰
李铭诗　谢守明　王辉明　贾昱明　金昌和　李保平　张　直
金　帆　王欣欣　李　颂　李浩华

班级：070901

曹　星　赵　明　莫　昱　王惠丽　季春江　车　文　方蔚豪
郑　权　王屹松　郑炳江　刘利明　高晓强　张庆之　崔照云
王大力　刘小明　杨端锋　刘　航　王华春　高　晓　刘　方
姜新义　刘金祥　周　斌　徐　军　唐　华　卢世杰　李永合
程　猛　刘宇航　李文艺

班级：070902

马海力　丁　湧　赵锦东　张　旌　李　军　孙革洪　吴原晖
周　林　李明坤　郭卫军　王铁敬　李海光　李　飞　姜长河

邢春英　徐　巍　王庆珏　刘连军　李和明　刘　剑　邱晓明
王伟强　胡启超　慕　博　张家华　兰洪霞　赖元清　刘　勇
杨志坚　王　进　王　鹏　朱丽娜

班级：070903

金　燕　刘　兴　雷振华　周　岭　刘健民　梁　旭　谢李贺
王育民　田利平　杨世涛　杨大勇　王　涛　彭笑华　周荣祥
程文海　刘　芸　李　斌　孙传升　秦　平　李　刚　余亚夫
熊宣明　申伟民　张弘强　郑　兰　温凌斌　邢　斌　史　安
孟勇琨　张　隽

班级：073906

刘　萍　靳　超　李会玲　张　惠　曹汉明　闻传恒　赵长杰
宋长军　张兴宇　孔　健　甘树柏　邢　磊　殷小波　张　健
张敏琦　李红全　郭　辉　苌海军　郝建凤　魏　飞　王俊奇
柳春显　左　磊　涂宇翔　朱启德　王　梦　刘晓世　张晓列
郭少红　靳　萍　苏永奇　王　力　王吾成　晏庆军　张术广
郑　超

1991年入学名单

班级：71911

夏　攀　智晓雨　李忠宝　简忠华　黄克波　徐建华　申　铨
张　斌　徐　进　陈世飞　戴　华　王竹标　李梓敬　王江波
朱卓鹏　杨　洪　赵建军　刘影秋　王毅泉　王文彬　徐平光
刘　玥　赵　剑　戈　翔　李　玫　李成国　彭雪鹏　徐雪松
林进宝　林　川

班级：73911

崔新宇　老荣波　侯志鹏　秦　辉　巴泽存　李文岩　朱岿岳
刘重钟　谷　凡　单铁翔　罗　佳　申昌日　王　辉　周　铁
王少卿　张赠浪　肖克林　薛　雯　林大伟　陈晓颖　李　鹏
孙兆刚　周伟岩　张孝祥　朱北湘　宗　伟　李卫军　陈礼光

姜　澜　蒋　勇　李鸿杰

班级：73912

苗传斌　李志强　李雨生　张士华　林　辛　马小京　刘　娜
苏志宏　安　定　范　晋　宋春阳　聂　鹏　陈　骥　杨学琪
邓　洁　顾文刚　胡　毅　刘岗岗　林惠德　吴佑勤　蔡　剑
惠军胜　刘宏岳　袁铁流　唐世满　陈　问　余栖蛮　赵文川
孙朝建　王　颖

班级：75911

陈建良　郭　淼　金　江　曹　阳　郝　京　吴海东　高阅军
王建明　韩　军　陈晓鹏　张国兴　杨黎明　程继华　肖　斌
张国剑　毛小明　叶玉律　陈永超　崔远春　庞丽丽　朱　华
赵　伟　李　力　李卫东　曹先祥　徐永凯　刘广渝　张　凯
侯　波　张　翼　赵宁华

1992 年入学名单

班级：71921

张　弘　黄文锦　陈建洪　刘德贤　晨　曦　李元成　孙赫成
马　壮　周　露　杨　睿　文　军　李建军　郑　锐　李　楠
石　军　李　宁　巩怀志　王　锐　沈俊武　李明亚　黄若明
张　军　施耀华　周安新　胡立明　刘丹贵　任青松　童泽恒
郁卫龙　马　鹰

班级：73921

龚伟中　袁春梅　李凤英　陈爱弟　付　超　李　啸　岑永源
付贤应　蔡明军　张　华　张霁辰　孔庆团　杨　红　张俊鹏
齐彦春　刘　强　刘成浩　张旭东　张世进　王　淼　车荣兴
梁建国　石元辉　朱　刚　王怀宇　邓邦彬　王振瑞　王宏君
张广俊

班级：73922

潘永红　梁久龙　熊健南　樊　强　史云川　袁洪芳　崔全杰

李瑞平 张鸿斌 那荣起 鲍新华 袁大勇 周 鹏 汤茂年
张志军 石 峰 禹 萍 詹全忠 林 景 何程辉 刘 锋
刘冬红 罗冬梅 潘 均 张仕进 柳 博 牛均宽 张海东
汤 华

班级：75921

金 虎 陈 峰 王 华 伍 丹 俞斌虎 朱 涛 李建强
赵景峰 余 波 史春清 余晓冰 李健军 赵立军 黄宏凯
蔡际化 谢 斌 王玉珊 韦向群 王进斌 刘 新 桑军庆
胡海燕 田沁元 王安洪 何伟平 谢 峰 周 明 宋福龙
肖 松 王 磊

班级：75926

任晓坚 朱峻峰 李云新 蒋东升 吴立波 嵇正环 蒋 平
黄华强 潘晓露 宋静伟 黄 泳 韩 彧 刘锦丽 张智如
王 强 周天延 董国华 张丰运 程维云 吴金川 姚红伟
王 畅 邓 艳 曹俊忠 徐淑萍 丁重辉 荆力群 戴俊文
张卫忠 史洪松 刘继武 李环欣 张秋龙 王玉田 谷文峰
付永岗 史红军 沈建强 褚洪星

1993年入学名单

班级：71931

张 林 叶新军 林恩峰 程兴旺 张 涛 孟昭延 周 捷
孙文慧 李 冰 李宗洋 孟继杰 郭吉兴 包 舰 赵海涛
徐正红 袁兴龙 李其军 冯海颖 胡 强 曾新宇 李永友
刘三江 钟 斌 黎 智 杨廷刚 陈晓平 雷文军 王凤合
伍文彬

班级：73931

张 涛 于建海 邹培杰 胡晓英 明道福 黎志伟 沈 波
舒 涛 陈丽容 刘新琪 祝新宇 白素氢 韩清波 李松义
张金辉 李耀明 赵海波 刘文琦 张 可 佟旭民 刘忠和

刘靖奎　籍　进　葛　春　陈昆明　黄敬福　王　磊　杨　成
闻迁里　夏云峰　束　蕾

班级：73932（机械制造工艺与设备）

苏吉川　姜绪礼　陈星灿　黄荣秀　吴　琦　施建峰　韩俊欣
张秀全　陆　莹　焦　黎　张晋兰　赵建平　王运志　邵长坤
范小烽　王　云　魏克军　姚　珺　李增刚　刘旭东　楚宏理
陈　终　温小龙　钟　莉　曹　扬　黄　卉　赖　玲　陈家锋
陈　峰　王　宇

班级：75931

胡　娆　叶　阳　范　琦　倪永清　彭全琦　罗友平　黄云辉
张春君　赵永欣　辛继恒　杨柏松　秘　浩　王　东　高润芳
钱大勇　宋文林　成志忠　李寿胜　李世健　李文伟　王　然
刘　苗　梁庆龙　周　全　李　梁　龙荣华　吴劲松　曹晓燕
周炜庆　周延潮　张　星

班级：75936

杨国光　张永茂　戴碧鸿　路海波　马　涛　于建勋　荆有良
缪　飞　庄海林　刘希涛　沈春涛　杨延山　张　宇　胡林先
叶筛军　王剑光　张娇飞　蒋　盛　徐其军　沈盛尧　王小威
孙红光　崔尚宝　尹为民　王晓飞　徐登峰　张洪生　陈　华
张永安　庞志强　罗俊杰　崔全智　宗　伟　韩　冬　胡飞义
滕云华　李环欣　董高林　尚淑芹

1994 年入学名单

班级：71941

李雪利　范群波　裘　宇　张　磊　陆作良　刘　江　孙　明
李树欣　安承浩　卢小鹏　罗　燕　刘　磊　张长玉　郭　海
高英姿　高茂松　黄　敏　苏　远　刘远宏　李新斌　段贤明
冀晓亮　姚　凯　杨明辉

班级：73941

钟　毅　于世宏　刘　奇　胡　涛　周京清　刘晓飞　凌志云
张承芳　李宏伟　边　虎　韩轶炜　孙连胜　何　恒　伍成平
邱军平　陆永辉　索远强　裘凌俊　程玉才　曾兴生　徐庆伟
刘永刚　康　健　李湘媛　杨　健　宋　明　刘　侠　李济泽

班级：73942

巫建清　汪雪松　翟长安　张新辉　刘卫民　石红星　张海生
韩妙龄　徐永强　曲俊福　孙丽波　杨伟东　吴庆华　東学良
赵兴龙　王　海　赵辉韶　刘小华　杨兴纲　袁　栉　李　浩
杨瑾玉　管川云　蹇小琼　刘　祎　郑　涛

班级：75941

周林鹏　席迎来　张　敏　荫　迎　高　民　刘　毅　卜　纲
贾　浩　梁振士　蒋　祎　邹秋玲　刘晓龙　陆　威　刘怀远
刘　煜　郭晓刚　陈　坚　张　捷　周世圆　张正洋　秦玉涛
梁　璐　任　怡　卢亮明　刘优良　艾　军　陈远鹏　李向丽
邱　华　李　沁

班级：75946

孟庆勇　刘继凯　程　维　张红霞　李迎飞　薛开正　许　红
李战芬　蔡顺达　安艳军　迟乃红　侯利斐　张显哲　赵秀娟
王兴云　葛行部　吴先锋　李宗朋　刘彦臣　杜　群　王立军
李　胜　李增水　董玉伟　张志锋　安清河　史孝强　陈华虎
邱新春　袁敬明　刘文奇　王玉才　阎述喜　刘金富　王庆法
胡洪运　刘乃欣　范遵奎　张为旺　王　凯　刘步宇　徐修森
孙焕亮　范晓秋　赵玉山　王　健　赵　渊　周伟生

1995年入学名单

班级：71951

白晓震　谭成文　刘　敏　陈　倩　卢树欣　李俊红　李　忠
王　斌　刘晓瑞　张　伟　付利刚　沈中伟　郭陈亮　林文祎

胡姜文　侯建刚　姬　峰　孙秀芳　代义华　尹朝晖　沈学礼
刘　斌　唐红武　何家华　张锐睿　杨　猛　宗克强　关锦清
李祥才

班级：73951

毛小勇　樊荣堂　方进涛　严晓平　王晓玉　杜　非　管立刚
范丽敏　吴雪刚　丹　英　闫海新　满剑锋　乔国君　许雷鸣
张建伟　严贵生　许文耀　刘凯山　张洲峰　宋作鹏　张庆安
贾东云　邓集权　张晓瑜　孙　浩　刘　弘　唐　芳　周国强
丁增刚

班级：73952

李　志　纪禄平　王振荣　鲍　洋　王　峰　侯小杰　杜　龙
段德光　巩　威　董永梅　刘　巍　单　辉　金汉龙　刘　龙
朱怀朗　洪名松　黄成鑫　安建军　谢　超　杨晓瑞　刘　剑
彭新春　谢增团　蒲　林　任贤智　冯军利　王　振　张文波

班级：75951

董　力　林能清　金　凯　张　定　梁长龙　理　华　陈　扬
杨　帆　楼　莉　董晓娟　郭建明　傅伟鹏　郑今龙　杜文峰
朱　斌　陈启顺　刘　刚　张　囚　万智辉　毛洪涛　赵鸿钧
李淑静　向朝军　许玉林　罗　群　高柱平　詹林坚

班级：70951

欧阳黎明　田永超　刘自军　曹鹤松　刘江南　邝俊生　林　飞
宗琳江　刘　明　戴丽玲　王　坤　陈　杨　胡军华　杨彬军
于　涛　张吉先　罗康彬　李　鹏　李　凯　梁鹏霄　张开宇
谈永伟　张文龙　马　军　李玉伟　程文进　黎建国

班级：75956

唐海波　李　圆　宗国柱　徐旭东　蒋国庆　汤国军　张　松
吴谋凯　仇小生　沈　冰　陈建东　吕翠峰　于敏娜　陈居平
唐立丽　宋　娜　牟淑丽　荣鑫鑫　于英华　仲　胜　王金雷
毛从焕　林洪贵　吕环朋　李晓良　赵安元　赵化明　周希朋

李新颖　张明利　蒋玉萍　王　强　夏永富　杨富荣　王　煜
贺　锐　吉智慧　杨帮春　陈　莉　董宝喜　杨志华　赵博天
杨　晓　孙永煜　王付军

班级：75957

刘艳丽　张　俊　韦宏涛　徐　戈　高天宝　齐晓波　尹云飞
杨　明　许兆典　高大鹏　王　荣　杨　桦　马雄飞　姚宇峰
苗小波　韦海涛　王会芳　刘志刚　张小磊　贾春霞　吴延涛
王朝旭　丁艳红　王建军　李国涛　陈文召　齐战红　郭卫朝
凌玉海　王丽沛　刘有平　郭　峰　王会召　李　鹏　岳雪辉

1996 年入学名单

班级：71961

李绍勋　王扬卫　薛　捷　刘宏亮　付海昆　傅建旺　王　方
张英杰　范金娟　杨伟华　罗　飞　刘高远　李春阳　王建雄
李　浩　袁　兵　漆海辉　李先校　毛　欣　毛金强　白　帆
彭南洪　陈陵涛　黎乾术　郑声友　向　飞　程　进　白　炜

班级：73961

曾　强　王宝筠　时京涛　邓建军　王力超　程　茹　王晓丽
陈永亮　毛伟杰　肖世宏　高　明　蒋智远　徐　菲　彭金锋
邓　冉　李　强　高　进　赵宏宇　张　玲　梁天成　江　雨
彭晓丽　张坤福　刘海琨　贺海民　轩松涛　奚晓峰

班级：73962

胡　浩　郑海洋　王　勇　邴晓龙　丁兆国　石　峥　于　哲
尹星柱　顾广安　陈伟杰　李　燚　林文玲　巫晓丽　慈建平
徐法令　阮川玲　郑　旭　邓晓云　肖　静　肖利川　李　睿
杨福贵　许　刚

班级：75961

高维华　张继光　戴　琳　卜灵娴　吕林海　卢继兵　郭　伟
许慧元　李　鹏　刘　凌　朱　昆　崔　贤　王豫枢　吴　滢

程　伟　林宝生　柳　丛　唐　霞　袁笑寒　雷红飞　李海荣
李正军　伦继好　李　辉　刘　钧　罗　奕　喻礼超　李　东
曹　斌　李　民　王　峰

1997 年入学名单

班级：70971
杨　兵　王兴玲　陈　竞　方锋明　付　良　高　丽　贾　鸥
李新征　吕　建　毛　静　莫洪清　潘　艳　阮　超　谭楠楠
王成林　王建平　王　阳　喻群芳　袁俊杰　张洪涛　张树华
张永军　郑　坤　周国明　邹　丹　占　涛
班级：70972
张方瑞　姚志刚　胡国威　韩　冰　曹会杨　曹全新　曹一洲
戴　松　邓一丁　丁歆博　贺　珺　黄　燕　林　涛　刘群生
邵博闻　叶　阳　于鹰宇　张　建　张　钰　张赵峰　周新宇
周　洋　朱志勇　魏慧勇　周　冰
班级：70973
何杰锋　鲍　辉　曹丽华　陈　磊　邓燕红　丁　瑞　杜延斌
冯　敏　何颖洁　洪朝先　梁江波　刘春城　罗　建　千日辉
史　磊　宋　磊　苏福鹏　田海宝　童　湘　王卫霞　张　辉
张继业　赵　洋　郑　洁　周　华　陈　实
班级：70974
艾宴清　陈益峰　付大伟　宫　琳　桂永芳　郝　靖　胡定海
贾江鸣　金日龙　李晓成　李欣午　梁　波　刘宝志　刘大燕
彭富国　秦香彬　师金石　孙　兵　唐　进　王　伟　吴传国
夏　巍　肖　凯　叶　鹏　袁云鹤　张海洋　张　欣　张　宇
班级：70975
王庆昌　曹　辉　杜志刚　高　槐　顾顺华　胡　洁　黄雅琳
贾　洋　金　桥　李　琳　林　纯　林　琳　刘　峡　卢金月
马向斌　任　顺　孙　李　田志坚　徐　莉　玉庆宇　张小鲁

赵俊才　赵　鑫　朱文娟　禚　昊　左　昕

班级：71971

周俊杰　柳彦博　迟　萌　谢俊隽　薄　柯　陈　刚　陈　明
邓奎斌　高　永　郭海峰　李广锋　李晓曼　李　岩　梁　勉
林　辉　林　丽　尚　炎　石银果　魏　昕　邬晓乐　巫小飞
吴　旭　杨华伟　杨　杰　杨　勇　张立岩　张　璐　赵建涛
赵剑青　郑勇涛　朱　娜　邹　鑫

班级：70970

曹丽亚　胡　强　郦仕云　刘汉忠　万　辉　汪　洋　王张葳
鲜　维　修　震　晏　乐　翟玉琴　张　晖　左　冰　孙智强
文　明　董一方　王志伟　朱英伟　康　泉　李小金　李忠新
马睿喆　佟祥国　薛念明　崔海峰　张梅霞

1998 年入学名单

班级：70981

朱培武　宁宏伟　何　佳　余天奕　李慧轩　吴云龙　杨　澎
许鹏飞　王鸿涛　田　伟　韩金泽　陈凯平　陈凤逸　詹诗福
欧阳荣　程朋乐　颜　菡　范雪雁　王　斌　胡典维　吕　强
雷运洪　邓　旭　邵　学　陈先鹏　高　燕　魏　淳　申青松
庞子富　李　军

班级：70982

葛　楠　安锐明　韩　旭　侯云超　薛　炜　温　侯　冯长征
侯　超　迟传文　王伟东　陈国浩　吴作威　张纬静　吴友顺
何松茂　徐　勇　张静静　刘　闯　李　杰　康　辉　王　颖
邢维锋　方韵桦　周鸿斌　张云杰　张子良　邹　海　侯玉超
张　鹏　张鹏飞　张　强

班级：70983

沈　斌　王　斐　王利锋　庞志铭　张　烨　王晓静　李　薇
杨　煜　陈晓明　刘　为　黄海峰　涂云龙　余传鹏　袁　谦

马占德　顾　威　刘　杉　蒋　卓　刘珍保　周紫光　寇启宁
黄保刚　林建军　彭金海　董明舟　陈　昶　陈　宇　杜　鹃
王　淼　邓建军

班级：70984

陈　明　张　华　王全一　裴　松　孙步青　马荣姿　张忠欣
刘红光　刘惠明　桂　林　陈云雷　张伟生　曹　宁　王光泉
张建利　潘　强　刘　俊　黄力松　杨　非　张淑清　彭　华
白　莹　周　慧　孙广宇　马　佳　马　磊　赵　骁　张振宇
蒋宏杰

班级：70985

陈　杰　张振宇　巫靖玮　张庆伟　刘　政　龚南笛　刘　兵
刘志锋　武少伟　张宝强　张　丽　金德鑫　李慧智　金　星
徐晶莹　周　娟　黄建楼　章广敏　莫传营　陆　远　秦伟林
张　鸣　孙海超　安宏伟　邹　庆　卢志伟　李剑锋　杨秀勇
陈奇志　王　华　王　岩

班级：71981

王佳伦　兰　山　刘一宁　郑胜利　韩　方　庞立敏　杨　阳
吴崇明　贾小刚　王　放　李玉秋　韩大鹏　许鸣石　叶　萍
林韶宾　王　鹏　刘　娜　张红梅　戴　川　陈伟柱　霍　静
张　静　孙金凝　李阿妮　白　虎　刘江涛　熊　节　方　源

1999 年入学名单

班级：071991

马　维　郭广辉　李东荣　徐　罡　李　川　庄大海　王栋梁
张巍毅　潘占东　王　娜　陈　罡　孙　欣　闫承民　金　添
钱　诚　石　峰　连江滨　文　捷　路永胜　魏　京　刘　阳
侯胜利　吴泽桐　曾高文　覃恩伟　李乾锋　王曾伟　杨宏强
何续斌

班级：071992

邢晓莉　薛云飞　李　凯　李铁昳　赵　鹏　李　淳　张晋杰
褚　彬　冀晓鹃　吴献伟　关书伟　杨　磊　陈　阳　张吴菲
李璐华　王鸿恩　娄时永　沈　健　姚佳昊　李　明　雷　超
张华峰　谢　涛　周　斌　周一鹏　陈　凌　冯　悝　姚　迪
吴　涛　陈　萃

班级：073991

赵　旸　刘　杰　赵　健　张耀栋　靳勇强　王东奇　蔡国轩
隋鹏飞　华明宇　顾青涛　张景美　薛金刚　张　宇　宋叶锋
靖苏铜　杜列丰　诸葛华崇　吴　杰　朱　毅　张汉铮　邢吉光
辛　民　李　杨　肖　珊　万毕乐　李　然　尹　乐　吴　刚
叶　鑫　郭　欣　毕白春　闻　详　黄晓霞　孙　毅　马　磊
周天丰

班级：073992

张忠华　毛　飚　张　灵　鲁　迪　陈铁杰　杨　洋　张志永
张志军　李晓波　康锦荣　贾　震　王继强　钱环宇　刘　锎
钱钰博　马　飞　虞文涛　施耿鹏　施俊凯　梁煜麓　徐　磊
李永飞　王　丹　周文武　毛金涛　何　林　刘伟民　段恋华
方　立　周　巍　赵　雄　张永刚　党　丽　杜　鹃　陈　昶

班级：073993

朱　琳　聂翔宇　朱　凯　李宝海　刘金峰　田　刚　赖国强
李　欣　张　硕　刘　辉　刘　鑫　张宏亮　赵　觅　魏　东
蒋剑光　包日品　皇甫向阳　彭　葳　阳丽君　张　伟　刘广波
姚明钊　朱　婧　陈　义　徐轶轲　喻　华　李小龙　魏宝晶
陈　南　刘　翔　周　原　张鹏志　李朝辉　霍颖颖　王　郑

班级：073994

孙明星　李　颖　马　宇　包　楠　申仲杰　赵　婷　罗海胜
夏连军　牛剑凯　樊海龙　唐　桀　周塞塞　穆荣生　于　洋
周高峰　缪　诚　谢佳音　郑　亮　吴才军　苏许文　刘　杰

蔡　璇　袁　枚　滕江远　贾东永　翟邦玺　周星华　何汝军
杨生海　张　微　黄利宾　陶　锦　谢汉明　武　媛　丑西平

2000 年入学名单

班级：07320001
林开海　邓方椿　胡文伦　豆晓飞　崔佳美旋　冯忠伟　王　磊
袁东升　韩春光　白　溪　许　峥　张加波　王海捷　官格格
张　蜜　李欣鑫　沙　莹　刘海波　王培思　马欣华　韩成勇
邓　霄　李　娟　胡　莹　李晓明
班级：07320002
韩琳琳　李洪波　范冠华　刘国亮　潘成炜　曹志敏　李叶润
洪　蕾　黄　威　彭远鸣　李成佳　张　扬　张　萌　李军军
李　雷　付　鹏　孙　宇　禤豪兵　刘梦奇　谭　帜　李晓哲
柳东文　何翔宇　李宗城
班级：07320003
王　勤　刘　薇　张　杰　吴延生　王蓓蕾　刘　晓　张　林
丁国智　韦灵新　林哲先　吴珍全　麻剑平　钟　鸣　周　宾
周　琪　付志恒　刘海峰　张鹏霞　徐　叶　付维佳　朱　博
黄　姝　蒋玲玲　蒙　宁　李树泉　唐正华　雷昊西　李　进
班级：07320004
路　君　文禹翔　舒　宁　张　萌　高　尚　刘瑞斌　周　敏
阮润凌　李少玲　陈献平　庄　严　叶良锋　刘　杰　温赞玲
刘　君　雷　鸣　刘　旭　杨　强　杨晶晶　廖经伟　陈永香
吴佳秾　徐国艳

2001 年入学名单

班级：07120011
林　皓　胥　骞　翟仕超　张　旭　任　博　王　鹏　赵林琳
沈　卓　吴　康　唐若亮　孔建永　刘　舒　陈利伟　范秀君

崔学嵬 李光希 周建宇 何立奇 王 航 陈 创 洪 伟
侃 侃

班级：07320011

梁成枝 刘德鲜 郑 耀 张静楠 寇小希 丁晓亮 曾 斌
吴 维 武 涵 周晋祎 安志炜 赵 勃 魏 婷 杨书才
蔡舒旻 王绍姮 王 琼 高 远 王 宇 季磊钢 杨继亮
赵 勇 李 金 陈 谧

班级：07320012

胡 诚 柳隽卓 申建涛 李 雨 刘紫霜 冯 杨 赵 欣
吴伟邦 李小军 麦 吉 唐媛媛 张 铁 郭礼君 缪敏亚
温剑秋 赵世宇 邹松青 汪 东 洪嘉均 杨 光 尹志伟
诸秀玲 张昕鑫

班级：07320013

王 宇 侯陈昊 刘俊杰 韩 尧 马 罡 顾玲燕 贺文兴
常志远 姚 灿 施学江 陈 雷 贾大忠 高小伟 黄绍明
赵 薇 林艳红 李清彬 任 颖 申 强 高迎瑞 陈沛鑫
徐嘉烨 李 明 罗寅生 梁 勉

班级：07320014

杨丽萍 戴 旸 檀 桢 舒 恬 沈 洁 李丽霞 孔德才
刘志华 朱国虎 危坤才 邹 锋 姜 楠 柳 青 蔡喆珉
王 磊 肖 震 孙永豪 刘 旭 刘海燕 王贵平 曾法城
张念光 谭懿嵘 刘光军 杜梁缘 皮文列 阳 光

2002年入学名单

班级：03310201

姜 黎 王 佳 张雁南 刘晓辉 丁瑞芳 王 锋 毕文强
宋 莹 张 扬 韩 实 高 彤 吕建嵩 杨晓强 赵海洋
郭宏瑜 胡东北 刘 哲 刘文升 冯 威 曾 斌 宋先柱
李 恒 申 涛 徐全荣 梁逢博

班级：03310202

姜　赟　袁　巍　桂　鹏　孟庆东　张　迪　张树军　周　枫
楼挺群　岳跃聘　徐俊松　张浩滨　王曰英　朱　娟　赖春辉
邓力明　颜业强　王　磊　刘光军　孙　雷　谢　军

班级：03310203

赵振旭　王　睿　张立竹　顾　坤　任全龙　马凤春　李　卿
林冬梅　袁锦花　包康康　朱凤春　刘　政　柳志诚　姜鲁宁
李　磊　郑庆保　陈　锋　田　陈　余　源　肖红斌　曾庆睿
吴　晟　陈达聪　李传书　韩晓筱　何安平　李烨雄　王　讯
孙　涛

班级：03310204

车　雪　王　愉　李　媛　李雪心　李艳艳　李渴忻　王吉洋
崔　显　顾玲慧　俞锡冶　楼天相　卢添圣　帅小春　孙中政
杜　洋　侯小妮　黄劲良　郑　重　何　莉　张皓扬　桂章丰
张玉春　余天颖　王　舟　胡林荣　聂　稳　高　翔　罗　刚

班级：03310205

赵　奇　张　宣　董木楠　周　栋　姜传京　曹　朋　王晓磊
杨中柳　邵文俊　王　力　庄竞颖　温　巍　范徐笑　张少华
侯伟伟　杨　帆　李　岳　刘汉良　黄智敏　蒋　琨　赵　倩
徐春华　周　欣　严纯伟　李　科　胡万涛　张　娜　陈文静
陈静文

班级：03310206

李子然　赵　剑　吴吉良　郭　婧　石　轶　卢　达　张　程
应一鸣　姚海艳　黄琦婧　郑础磊　何　江　朱　杰　刘　勇
刘　曦　胡　飞　陈　巍　吕爱华　周建桃　陈　炯　王　韬
谌子骥　骆延竹　王晋云　孔　涛　谢紫微　柴少宁

班级：03320201

吴昊阳　陈佳怡　张　华　何金群　张聪敏　张苇青　殷　俊
秦丽红　米　宽　李　彬　丁　涛　刘敏霞　杨湘雯　李赛楠

吴　靖　刘运生　许铭煌　高云平　程法森　金泰宏　余晟杰
贾　沛　李永泉　卢　同　熊　礴　张　余　张科星　李一然

2003年入学名单

班级：03310301
强晓辉　蔺牧笛　李晓义　李淼泉　袁　坤　夏洪利　姜杰峰
张海辉　张　娜　苗克非　宋　瑶　杨　光　朱　鸣　高逸凡
邹伟彪　高　丰　尚　炜　吕　嵩　潘武星　伍　帅　李　炼
舒维维　陈大鹏　昝虎林　魏永强　李维垒　钟俊城
班级：03310302
顾　文　王　涛　张永利　田春来　刘少丽　翟笑天　陈若冰
于苏洋　马云川　窦　亮　高阳特　张晓陈　刘有行　黄　旭
侯　磊　陈安明　熊　行　黄冰文　陈　童　张海峰　李新武
谢晓峰　卢华伟　周强兵　孙　媛　陈金谷
班级：03310303
肖　毅　胡进涛　安　宁　张明江　江　峥　刘智斌　王光琦
刘　旭　王宇杰　王　静　吴广云　李宗彦　侯华南　黎岳平
谌育民　李　可　王　珏　许　灿　李铁群　陈学慧　陈　绅
班级：03310304
伍亦文　高　琢　杨　旭　邓宏伟　鲁冯杰　祁广明　宋晓羽
刘　彬　潘为才　李文华　邹元祯　赵　冲　卫杰夫　唐望胜
樊必多　段江年　穆国瑞　肖　原　袁立丽　程　勉　赵　帅
班级：03310305
王海涛　张　旺　邵志强　牛小磊　吴　昊　刘　伟　赵尔琦
陆　钧　李　成　邱铁成　于浩成　王江江　徐小帝　黄　悦
王　岩　林　庆　唐世雄　高博阳　王永飞　李双喜　孙繁新
石雅君　赵观易　晁　旸
班级：03310306
赵晓东　张强生　白　松　任锦星　王　琪　陈　静　孙　超

钱　晔　申　威　徐华瑶　陶京金　李小明　刘志敏　谢　果
丁小可　焦明辉　雷　勇　张煜文　徐韦华　王　徽　吴　锐
刘宁宁　王　炜　祁长昊　文　静　王景璐

班级：03320301

雷　博　张　杨　金　涛　董　薇　陈　琳　姚瑞娟　刘悦诚
侯文龙　陈泽玮　白玉田　赵　灿　王丽娜　陈子坤　柯　林
马晓伟　沈建军　罗小红　吴　钊　陈家兴　梁　裕　阚金芳
唐鸿卓　冯　会　于建飞　黄　松　王郭毅　柴睿敏　马建明
李宏刚　曹　缇　郭　振　曹　阳　江　涛　曾　庆

2004 年入学名单

班级：03310401

王晓亮　张佳朋　芮剑锋　李　姝　崔国旭　刘　凯　李翔宇
王璀璨　刘冰冰　邓为东　王小寅　王　超　杨留军　刘　洋
吉思宇　张亮生　王瑞祥　赵　金　郭　磊　张　浩　成永博
许飒爽　张艺宝　阿力木江·阿布都克里木　俞介慧　刘砚明
高　磊　江　治　张兴宇　马思圆　邢　宽　王　喆　李　俊
张　翔

班级：03310402

邬昊辰　王　平　赵柏萱　谢　琦　樊奇林　蒋　科　杜瑞兆
杨建华　赵　铄　陈建峰　孙　敏　龙小虎　蒋锦新　郝　明
陈　浩　陈　柱　朴元植　潘　俊　康晨晖　刘佳君　燕　凯
张　松　张一丁　王　尹　杨　阳　唐　磊　马　超
木尔扎别克·塔毕哈提　吴晓东　皂伟涛　刘　林　奚　源
申　强　徐垚轩

班级：03310403

张晓峰　彭　辉　王更彪　李　肖　王　硕　方泽平　黄　勋
吕　莎　王　聪　韩璇璇　覃显峰　李思奇　陈建华　黄颖洪
郭　猛　徐小进　郭焦祺　毛　媛　张　帆　张玉井　孙　浩

陈欣　杜宇　董胜博　马少林　曹国彦　边漫远　张彪
许耀鹏　龚建平　张小庭　渠弘毅　刘意哲

班级：03320401

李鑫　张聪明　余聪　蓝伟智　贾雯雅　史晓晨　赵文心
杨海娜　王璐　晏海山　蔡烨文　刘兴表　汤锦德　龙文义
侯振　徐星　孙永胜　韩丽颖　韩晶　何磊　宛绚
覃丹　李超　阿依努尔·西热力　马锐　耿黎华
肖志伯　吴亮　刘宁　罗玉军　王策

班级：03320402

粟鹏　郝佳　李明慧　周莹皓　薛万贵　高丰功　王春雷
朱兰欣　高瑞　王于琳　张梅　日孜完古丽　毛子文
陈泰斗　舒垚钦　董璨　史霁　廖先庄　张博闻　梁显毅
刘昊　孟虎　张健　蔡孟飞　喻洋　范志伟　张成全
袁伟　黄寿胜　李耀辉　孙策　卢滢宇　陈祯勋

2005 年入学名单

班级：03310501

郭骁　张喆　张春伟　尹晓菲　邢堃　武童　严永平
沈鹏健　孙晨　朴成浩　戚伟岸　丁赛　彭博强　刘丽莎
徐会强　谢小龙　刘雄　陈邕　韦杰宏　戚德高　唐雷
崔庆　张哲　史建成　刘佳顺　张琦　李佳兴　何忠伟

班级：03310502

继巍　汪寅晨　赵涛　王猛猛　吉雅太　祝赫　高振兴
陈涛　万峰　何健　舒畅　李大让　袁红亮　杨金鹏
廖东永　李廷鹏　赵航　毛志伟　刘志山　王融修　阿布力克
周超　刘宗余　陶淼　杨玉良　李俊

班级：03310503

江放　于迟　魏青峰　邢俊杰　姜琳　崔子靖　纪广波
靳大川　魏琦瑜　邹林峰　孙信晓　李剑　林伟　梁杰文

史泰松　潘　立　江长春　曹方义　张耀鑫　唐世龙
开赛尔·土尔地　李世辉　王　超　龚　晶　孙玉佩
班级：03320501
李　斌　刘　磊　郝　旭　孟宪任　胡雅丽　史海岩　王　超
张　磊　陈　思　卜　凡　田晓鹏　崔向敏　张亦弛　何雪琦
刘静怡　任　人　杨　华　马元贺　拓星坤　卢　虎　白子硕
张　睿　刘　乐　廖子祥　孟　曦　刘子铭
班级：03320502
王禹淇　王　妍　余美琼　吴　悠　李海瑞　许沛瑞　黄丽颖
罗凯华　王英剑　张天天　邱　峰　包夏曦　刘思尧　朱　源
刘南余　金　莹　邓理璋　刘振乾　马　吉　郑利峰　赵　月
白玉宏　金久强　袁庆武　董其林　刘　娇　周　康

2006 年入学名单

班级：03310601
阿布都乃比江·买买提　陈国龙　程　建　格茸江初　郭　畅
韩东伟　胡朝盼　胡　伟　黄　兴　黄雄飞　雷金凡　雷　鹏
李黎明　李思成　梁仲华　刘　向　卢治兵　马　博　马　强
毛林威　斯铁冬　宋　浩　孙伟平　肖永奎　谢玉涛　许达果
杨　煌　杨小星　余方超　张瑞生　赵绍琴　周　智
班级：03310602
白晓东　丁　逢　丁志伟　符祥煌　郭　辰　侯进宗　黄立华
姜朝伟　兰　华　李吉庆　李扬帆　刘卫军　刘文彬　卢宗兴
孟　倩　乔小东　石存磊　宋洁璇　唐云山　佟　鑫　王　刚
王　鑫　余　栋　张　珺　张　喜　张玉文　郑　楠　朱军华
朱永宏　李永江
班级：03310603
陈　亮　陈　裕　高　阳　康　龙　林　婧　刘力源　刘　密
刘鹏军　刘志广　马建勇　孟　超　裴家杰　邱　勇　荣　钰

盛东良　水鹏程　汤天才　唐皓冲　吐尔迪　王　昊　王浩宇
夏　博　闫雪亮　晏　红　杨富宁　张世超　张正学　张　壮
郑瑞琴　杨　廷　温博轩

班级：03320601

张方凯　李　政　王　怀　陈余人　陈　宇　陈　悦　贾梦培
钱伟成　程　诚　陈　曦　韩加林　贾萍萍　库尔班江·乃依木
吕　宁　曾　鲁　张佳斌　夏　凡　郭小强　韦子川　王宏旭
韩雪芬　马锡琨　徐婷婷　李永辉　王占松　尹志鹏　马海江
孙龙彬　毛跃辉　杨治国

2007年入学名单

班级：03310701

张佳乐　席宁琳　陈品志　姚荣华　冯春雨　郭顺宏　李文彬
李周瑜　马　斌　谢立哲　张生光　赵　曜　蒋国安　廖中杰
张东海　黄志强　孙　腾　王国强　赵岭岚　窦媛媛　田龙飞
郭　帅　朱敬奎　陈旭阳　李磊鹏　刘　刚　迪力木拉

班级：03310702

陈善良　黄国刚　张　岚　陈　琦　李耿标　贾　强　赵云扬
安向男　顾慧卿　任水平　王志斌　张　晟　周子岩　陶宣明
周　创　赵　强　钟国柱　黎彦谋　张　鹏　华　鑫　赵　宇
文　星　宋生煜　石凯锋　刘铁彪　冉若愚

班级：03310703

田　超　吕　洋　王　恺　刘志勇　刘　钰　孙向辉　李中翔
王　磊　曹志涛　贾小攀　介　科　梁　超　王　鹏　叶志鹏
周　健　周珅珅　李金灵　宋　兵　王浚人　周承旺　于有恒
冯小龙　王炳根　王　坤　毛飞鸿　廖智祺　廖　靖　何鹏飞
王　龙　王会凯

班级：03320701

孙传熙　李　恒　王艺霖　余颖鑫　程先楠　贺泽安　刘　扬

高竞淇　钱　堃　任　峥　宋红年　张　昀　张志轩　黄　晶
张一哲　占红飞　杜　茜　韩　宣　李静雯　明振军　秦　黎
宋　岩　孙　健　覃璐瑶　吴孔菲　于晓楠　周　宕　宇　灿
朱鸿钟　闫国泰　张九州　孙棋棋　赵俊韡　徐双双　党　佩
耿乾铁　樊连杰　赵　睿　朱江威　田海龙　牟元丁　侯程耀
赵　畅　陈　鹏　刘　阳

2008 年入学名单

班级：03310801
余璐云　王　晋　索鼎杰　卢小松　艾思源　何　松　马　良
潘能微　全旭松　王云龙　杨　超　周　最　熊婉璐　徐　冰
王卓琼　冯锐星　彭志军　马　超　文汉儒　宋思佳　朱　凯
马　翀　张　宇　张健平　吕　昂　郑裕锋　刘　楠　刘铁成
汪　松　韩　康

班级：03310802
许志尧　胡楚兴　阚世奇　王巨琛　李信良　尤强升　金艳军
丛鹏泉　陈栋冬　孙洪岳　张　露　吴世扬　胡美琦　孟凡通
王贝贝　王青松　杨秀江　陈　曦　张　迎　谭河清　王华伟
胡　航　周仲骅　王　迪　王玉龙　宋家骏　敖　琦　陈羿男
贾　超　卢正凯　于泓尧

班级：03310803
周杰文　邓盛伟　王晓圆　杨志猛　郭禹辛　胡文浩　刘　彬
孙昊昱　王安东　庄存波　李彦伯　裴　澈　高　巍　张　鑫
刘　淼　刘　乾　史历程　后　添　张赫挺　呼延杉　邓亨方
李　彬　李　杨　梁锡梅　南国武　毛吾兰　况明梅　郑　辉
郑敦元　何天意

班级：03320801
郭玉琼　李明瑞　康灿然　李学宇　江宇中　姚　栖　曾　备
毕　丹　牛宜轩　王　鹤　安军虎　文　静　李晓兰　郭　宁

邬　腾　董　鹏　雒　挺　张　乐　曹广亮　周子程　刘荷丹
兰海天

班级：03320802

陈　婧　刘　璇　范文浩　吴晓敏　杜景军　韩文立　赵　静
蒋祎萌　吴恩宇　杨代旭　袁荣强　赖天文　羊符鑫　张隽祎
温　丽　马文瑞　张　帅　王立朋　张　涛　谭登峰　李　文

2009年入学名单

班级：03310901

赵思雪　阿里木　李暮鑫　赵　然　赵启宁　康　凯　付君强
王　欢　王鸿栋　田　野　马文财　邵光远　康　强　崔立铭
张朝枭　刘振亮　张　继　张　浩　王　宁　苏龙飞　谭亚雄
李威巍　黄　哲　程东杰　唐　闯　汪义伟　魏贤可　钱天瑶
兰　杨　郭华夏

班级：03310902

李　松　秦廷海　唐任杰　吕　铮　吴智江　江大强　兰玉周
李佳骏　曹博然　刘　洋　钱　憬　孙　鹏　吴　迪　薛锡国
邢香园　宋春宝　任志勇　刘晨翔　张　宁　黄　达　汪　洋
孙成明　陆星挺　吴　谦　蒲　蔚　王　淼　阮嘉骏　钟序人
张　翔

班级：03310903

拓占宇　董　聪　项瑞乐　边　疆　刘鹏飞　南晓辉　伍伟民
张炳银　张凤莲　张益川　张震宇　刘　畅　朱皓然　邓　凯
陈士金　张　凯　史华勇　冯　雨　洪小聪　杨　威　袁存敏
阿布都拉　李　进　付建勋　赵　力　杨　浩　韩　绪

班级：03510901

孙正杰　白　杨　徐哲赢　石学海　景旭炳　林　琳　陈　锐
全　然　丁金想　鲍衍地　崔丽君　连金岭　沈晓鹏　王　萌
王显志　周　洋　宋　芸　谢佳升　吴家霖　陶丽刚　刘俊潇

张　鹏　严斐雄　肖英俊　陈力奇　庄俊贤　马　帅

班级：03510902

徐博宏　刘　俭　宝格日勒　刘培举　毛颖轩　柯家伟　谢　剑
李　欣　王文佳　李晓东　周　环　吉家帅　李梦云　胡晓蒙
陈思康　吕浩田　郝凌清　王田阳　范博韬　杨维振　翟德慧
李　亮

2010 年入学名单

班级：03311001

白亚群　陈　源　戴嘉琪　韩　强　何腾欢　黄甫姚　黎造登
李梦珺　梁　洋　刘　晨　刘代祥　刘　练　马　升
买儿旦·艾买尔江　毛海俊　缪佳君　庞德龙　彭小康　乔从扬
谭翼翔　王　波　王康奋　瓮　刚　吴冰青　谢杉杉　谢少杰
杨正正　张颢慷　张怀旭　张一哲　朱晨曦

班级：03311002

陈舒扬　程继超　付　宇　高建明　姜　娜　李　干　李　广
李炕炕　梁佳艾　刘树青　么铸霖　梅高杰　平智超　乔　根
史思源　孙伟强　王凯翔　王小龙　王昭勋　徐锡园　薛拓域
闫奥博　杨　帆　叶　森　易洲宇　张红宇　张磊峰　张沛森
张昱山　郑昌海　邹胜科

班级：03311003

常栋波　董旭锐　范俊峰　何昌宇　李　钉　李光轩　李　砚
李　扬　梁丹丹　刘阿鹏　刘　聪　罗　超　马　羚　缪祥令
庞炜涵　秦沫洋　任田雨　申　辰　苏　鹏　孙楚琦　孙　海
孙　沛　汪银风　王　鹏　王瑞显　王若瑜　吴　泽　项程远
杨少伟　杨振宇

班级：03511001

宁　芳　闫嘉伟　闫　松　邓　博　彭杉杉　杨　森　杨　洋
黄思翰　魏宇鹏　唐国轩　高文梦　孙龙涛　张子健　徐梦然

邢　昊　钟　勇　肖　羽　苏　鹏　谢湘璘　王柳钧　吴文杰

蒋博民　何思然

班级：03511002

王　默　邵益平　张丽豪　赵妍蓓　罗　琨　杨　静　高　佩

周　瑞　张子傲　张田会　袁　维　于富洋　刘雨佶　柳海林

张荣江　师　鑫　张凌雲　潘汉杰　吴　沁　王　丹　王子豪

李　铮　李　悦

2011 年入学名单

班级：03311101

敖　琼　崔　晓　高翔宇　华　振　焦思程　敬晨晨　李　欢

李晓婵　廖翔宇　廖治中　刘俊明　刘润楚　刘　威　罗　宁

母洪嘉　聂倩倩　欧　健　潘昌基　彭振新　宋泽宇　吴君杰

吴　玄　向　徽　闫少伟　燕　鹏　袁东方　张丹丹　张汉驰

张乃琦　张士卿　张泽天　张志强　赵梦洁　朱立潇

班级：03311102

陈　林　陈智舟　崔雨涵　狄妍君　董楠楠　郭鹏航　何兴平

黄宇熙　姬煜晨　姜　萌　李明华　李若愚　李益民　刘　硕

刘漪纹　刘　毅　潘　霖　孙云乾　田海兵　王昌华　王　涛

吴　海　徐　春　许铁沥　杨成志　姚　迪　姚小强　叶剑辉

张　诚　张宇豪　赵泰百　赵　洋　周　浩　朱子威

班级：03311103

陈　刚　成金城　方　剑　冯本恒　冯　炜　耿　杰　何浩玮

黄晨灿　刘　昊　刘焱宁　刘　洋　吕乃静　马江涛　马银刚

孟秋帆　努尔夏提·亚森　潘敏刚　全悦宁　沈雨默　史雪春

谈银坤　童志远　王子夫　卫　然　谢晓宇　尤　丁　于　谦

张飞凯　张晓龙　张　瑜　赵　泽　周登宇　周　路　周　鹏

班级：03511101

陈其之　董许白妤　冯俊徽　傅　杰　关　宇　何禹聪　蒋　昊

刘　扬　毛人龙　时渝杰　汪佳文　马进才　王业东　肖沙沙
杨剑雄　杨添淇　赵芳垒　周霄天　周咏佳　赵　檀　许俊强
王春阳　曲炳东

班级：03511102

范文雪　张希彦　张笑慈　张昕驰　赵　甲　陈佳琪　陈柯颖
匡　银　李坤大　陆　海　陆　遥　宋国庆　王　评　吴　迪
吴睿婷　赵振博　孙东升　周清晓　王祎楠　孔雪萍　戴亮辉

2012 年入学名单

班级：03311201

安玉潇　陈　晶　陈　哲　崔润东　费铭君　冯　赟
哈斯得尔·巴特坚　胡　鑫　黄彦希　焦大成　赖胤磊　雷　旭
梁允礼　刘　洋　吕　卓　孟凡舒　苏江舟　孙　楠　王运宇
王梓儒　吴明华　伍　帆　阎其睿　杨　航　章　凯　周承华
齐一鸿　侯森浩　朱志宇　武　颖

班级：03311202

海　山　陈　江　陈仕齐　程冠华　方国鑫　符豪豪　高东辉
何宇彬　胡　兴　黄巧盛　冷　烨　李　丁　李　方　李天雷
李志鹏　刘　威　罗珍能　孙嘉欣　孙　康　唐龙龙　汪用广
王思聪　王　耀　张　晋　张凯宇　张卫国　张文聪　曹京古
邝　建　李佾萌

班级：03311203

杜逸飞　杜　雨　姜　岳　金　威　李　萌　李鹏林　林子韬
马兆利　牛中轲　潘肖康　钱禹东　尚　超　孙海育　孙浩文
王昌茂　王梦琦　徐小芮　许晨阳　杨一翀　翟树朋　张驰涛
张点金　赵加鹏　赵泽宇　郑　直　钟英祥　周　佳　周　强
周天宇

班级：03511201

张曲悦扬　刘子轩　蔡更新　陈舒婷　陈思阳　付　帅　谷　雨

郭晓晓　郝以平　李　纯　李　丽　梁　欢　刘　杨　苗珂笛
热和木江·热甫卡提　唐　圣　田少娟　邬桥林　吴建辉　肖　翔
邢福元　张　烜　张　茜　张天俊　郑　伟　郑浙川
伊万·康斯坦丁　黄善鸿　韩乃旭

班级：03511202

陈　英　戴静远　黄雅文　贾良跃　李　腾　李　悦　刘晨燕
刘　璐　刘　欣　苏宇鹏　田　力　王婧雨　王康柏　王　睿
王潇逸　吴兆庆　徐　斌　徐少峰　徐之劼　杨新庆　曾文韬
詹灿辉　张浩然　张　嘉　张　枫　燕东赫

2013 年入学名单

班级：03321301

黄宇熙　高小宇　李　喆　周嘉宁　刘晶晶　邵　楠　陈子豪
岳楷钦　马洪波　邵星翰　高飞农　彭雅轩　吕雷雷　钱　丰
豆文忠　党逸翔　乔一桉　朱晨昊　韦　超　李泉嵩　金哲阳
贺　恺　齐　越　成法书　唐诗涵　李蒙招　贺裕鹏

班级：03321302

廖　洋　王蕴祺　王志鹏　胡嘉宁　王　达　章志超　赵志强
李坤林　张　葳　陈剑涛　宋　洋　陈　琳　姜晨铠　吴天一
王　怡　陈　挚　陈家伟　尹逊澎　俞　逍　许　维　路　昊
刘　峥　王玉辉　张　恒　胡　镝

班级：03321303

赵文浩　权　冉　林志新　宫敬程　杨啸东　王　胜　孙伟轩
孙嘉伟　王　珏　黄思渊　钟　劲　马安然　白　龙　林景岳
常青藤　杨万新　白济萌　王　治　刘俊强　徐灵艳　万博城
贺照鹏　王晓光　俞梦琦　史泽宇

班级：03321304

李培阳　王秋涛　王润良　李佳蔓　于　聪　金成龙　李晨鹭
崔　克　郭昊鑫　朱展辰　尚　可　刘　然　张棋荣　詹盛华

朱海天　孙芳竹　黄　伊　任　磊　彭　鹏　李昊颐　程明辉
马春峰　高运龙　李永平

班级：03511301

张雪婷　马熙睿　陈　西　景　跃　熊　冰　苏　皎　张昊宇
伍驰中　王　阳　靳　圆　陈翔宇　宣　俊　李彦江　李　赓
李　奇　宋　洛　罗　烨　刘融溢　丁若愚　张槟妮

班级：03511302

叶文斌　廖荣晖　赵　乐　古秋盛　朱宁星　张佳玮　高静琦
于檬涵　向　操　刘　昉　杨自明　马国翔　马宏邦　莫振冲
林旷世　胡　笛　王　凯　王宏伟　腾吉思　胡　镝

2014年入学名单

班级：03021401

陈希政　段聪昊　何志军　侯单懿　靳君格　梁嘉斌　刘　潇
刘政君　柳和源　邵显晶　施为怀　孙　畅　孙嘉铖　王　博
王明宇　王世铭　王　松　王天成　王文琦　王喜朴　王羽纯
王　喆　吴　彬　武　锴　于佳俊　于雯麟　赵伟佚　赵子杰

班级：03021402

曹家伟　蒂娜·越木特别克　范　广　冯　浩　胡庭宇　黄舜志
李冬明　梁　恕　刘　斌　刘建伟　刘书尧　柳晓添　鲁　涛
宁伟航　乔　禾　宋博文　宋文强　唐江岚　田佳兴　魏禹吉
肖奕楼　袁世杰　张慧敏　张诗蔚　张　宇　赵宇辰　赵泽坤
周昊苏　周　梅

班级：03021403

鲍允皓　陈龙腾　陈　姚　丁　克　郭智昊　黄　浩　姜浩博
姜　巍　梁明运　刘方锐　刘佳铠　刘　威　龙　颖　马　恺
沙　昊　石博文　孙潘思宇　田　丰　王崇贤　王　涛　王禹皓
韦柳吉　许凯航　杨炳东　詹宁威　张国煜　张铁亮　赵　晗

班级：03021404

艾力夏提·阿不力孜 白 豪 白翌帆 曹远冲 樊子煜 冯吕晨
侯 磊 黄俊鹏 黄 宇 江 程 靳浩天 李泽宸 连 冰
刘 波 任治宇 孙 超 田雨晴 王 聪 王 迪 王亦阳
温天宇 吴永超 武林林 谢志勇 张 乐 张 烨 张子豪
郑健聪

班级：03021405

陈 琪 高 俊 哈斯特尔·金恩斯别克 洪子奇 后林镇
霍嘉阳 李庭坚 李维轩 李星星 廖 轶 刘昊天 刘鹏飞
刘语佳 鲁意博 马彬玥 汪弘俊 王国东 王一璠 牙韩腾
翟建坤 张学强 张云飞 赵宏双 赵 钦 赵文祺 周昊英
朱雪东 字玮昌

班级：03021406

陈耿彬 陈研仲 范佳琦 傅昱鑫 何奇阳 黑 龙 李 想
李小松 刘青松 路成帅 马福宾 莫 凡 娜仁高娃·坎再
汪志南 王晋意 王天笑 温枭舜 徐昭伯 于鑫海 张柏森
张若琦 张生伟 张 昭 张志鹏 赵鹏飞 赵 炜 赵一哲

2015 年入学名单

苏 硕 王添星 陈治成 涂 鸿 吴志强 张明轶 张天龙
刘 杨 宋 慈 温 浩 赵志明 郑俊辉 李昌泽 刘天任
鲁琢玥 孙文景 王一安 陈 旭 苏传志 吴 科 余学庆
朱漫福 杨 淳 张晓宁 荣 荣 刘向京 沈鑫一 杨炜烽
邹东明 曹嘉奇 董国顺 刘同康 张官勇 朱文杨 顾焜仁
王鹏刚 余建杭 张 鑫 傅绎琳 高国权 孙济奇 陈春元
程俊森 沈 途 钟后顺 黄 禹 任 策 胡 佳 孙鹏浩
孙启航 王 罡 王智超 吴哲旭 白无尘 陈 豪 刘雨君
周桢林 海 地 孙浩文 王泽诚 张兴伟 阿迪力·图尔洪
何 松 黄俊锦 孙 冬 王 杰 李晶杰 宋子翀 罗浩贤

王海亮　王晨晖　李庭坚　聂　莹　潘小雨　张文雄　曹家鑫
杜沁松　朱新云　朱云睿　杨　飞　杨阳川　于　嵩　陈　浩
高　迪　林　根　张云森　范军红　付重阳　马天空　王存斌
夏雨浩　李红飞　毛　悦　许　昭　郑嘉豪　于雯麟
哈斯特尔·金恩斯别克　瞿　升　林颖捷　张德尚　张智博
赵　旭　李承禹　王腾飞　吉　庆　林泽旭　曹家滨　王俊鹏
郭佳雯　何　松　林　帆　米文睿　沈俊良　杨珂欣　张潘禹
李睿豪　栗　寒　杨　奥　牙韩腾　陈　镇　刘夏颖　陆砚文
张大伟　马永龙　余传龙　张立祥　李康浩　叶　琦　于广威
张天为　张紫芮　陈祥初　王嘉蕙　赵　雷　帕鲁克·帕尔哈提
王迎朝　曾秉乾　赵宸皓　祝德刚　金怡伶　李远哲　孙　畅
吴　琦　李途越　周洋捷　潘冠辰　陈俊坚　丁楷轩　彭虹瑜
杜昭桐　关欣锐　王子璇　周靖森　罗正钦　唐　崑　陈昱茹
卢　岑　蹇思腾　易昱昆　肖铄麟　施袁梦　潘迪富　崔家铭
王天竹　欧　昕　朱　彤　秦　越

2016 年入学名单

李　东　韩　骁　何文博　黄　朕　柯　希　梁嘉诚　刘欣睿
刘欣宇　毛凌峰　牛雨鹏　潘鹏晖　王　杰　王瑞东　邢博文
杨　军　郁泽清　张　远　沙依拉·哈比　陈　思　田海波
徐以蒙　冯科嘉　杨双权　白云鹏　班　超　蔡俊祺　韩京伯
胡泓帆　李东林　李众一　卢健龙　秦希源　曲双全　石子凡
宋逸凡　汤麒麟　王雁南　杨培艺　杨启帆　余昆臣　袁　亮
张京京　邹东颐　李剑南　齐宇超　杨　睿　陈春成　陈栋廷
樊思哲　何　森　刘　维　孟　洋　潘飞羽　王旭然　修宇萌
叶柏臣　翟　冰　张放歌　赵瑞发　郭建吾　郭志博　廖　竹
苏　亮　薛梓涵　何　嘉　王　沛　周星野　贾生根　陈　阳
付庭博　洪益鹏　李　斯　刘子文　马佳瑞　王　皓　谢　磊
许才昊　杨文俊　叶　航　袁　锟　张宇常　陈　凯　陈　威

陈义明　李星林　王薪博　熊　强　薛博丰　张振宇　朱一凡
李　越　侯婷婷　黄　晋　张世杰　朱明仁　朱钊汉
阿满克利得·艾得勒别克　黄　博　李文洁　徐逸达　常皓森
龚逸辉　吴硕恒　吴章示　杨　成　袁兆廷　柴志远　何建国
王敬飞　赵添翼　李冠楠　孙　烨　王　涛　包煊榕　蔡　泽
郭翔文　李祥玮　牟泽斌　万　昊　徐锦锐　张振华　敖信聪
陈　刚　邓若凡　丁　诺　蒋泓佑　李文博　李学斌　李泽铭
王久齐　吴绥玄　吴贞鹤　席和玉　杨少博　张智博　乔林伟
刘军亮　王健力　陈子逸　李嘉珣　田烜辰　汪　玮　车明轩
张　琪　黄腾杰　陈宇恒　刘林坤　郑鸿志　李谦诚　唐崇锐
徐言杰　邱雨雷　徐霁晗　赵嘉卿　张振铎　杨　硕　吴宇超
黄琰量

附录二：1978—2017年硕士研究生入学名单

1978年入学名单

杨广勇　孙正胜

1979年入学名单

何　岚　李世恒　徐宗瑞　张之敬

1980年入学名单

周兰英　贾春德

1981年入学名单

裴志坚　庞思勤　赵光庆　宋庆国　肖定国　张云电　范莹莹
庞瑞华

1982年入学名单

陈　连　陈树我　董卫平　付恒升　潘　晋

1983年入学名单

汪清泉　康继钢　冯广生　何永熹　黄建新　李和章　牛志祥
周秋生

1984年入学名单

蔡　颖　傅　强　陈　雷　邓子玉　杜京松　斡蜀毅　胡剑峥
籍志辉　姜燕梅　林智敏　秦　政　任文杰　沈文琪

1985年入学名单

胡强劲　郭卫建　韩登营　何藤芸　蒋旭荣　李　芳　邱广华
王晓岩　吴志刚　徐华庆　赵　波　白书清　戴　瑶　虎　刚
金英德　刘树明　任明琪　杨卫东　于铁峰　张世顺　何　放

杨继承　邱爱民　于　捷　张卫军　田　东

委托培养：

郝维伟　侯爱芹　胡也南　李　海　李　蔚　蔺淑香　徐春广
徐　笙　张　伟　张文建

1986 年入学名单

周育清　杨胜军　管晓刚　蒋菊明　李凤龙　李景平　刘卫军
梅　虹　彭双宗　沙　达　尚宝平　吴春增　聂建峰　吴小舟
熊　伟　杨金玉　于大春　邓顺川　杜遥雪　戈北京　季明星
姜小龙　刘　扬　唐建新　于建明　高剑青　齐　彦　宋景山
吴芝群

1987 年入学名单

陈占福　杜长明　付少华　胡　岗　黄培中　吉利民　康志生
劳奇成　李瑞琴　李树奎　李云凯　刘继红　刘湘连　刘忠义
路春光　罗　艳　马星国　王东兴　王建庭　王军政　王　涛
文　哲　徐德茂　许尚峰　鄢晓英　杨和平　张　伟　赵晓光
周　渠　朱元武

1988 年入学名单

巴早林　白力新　程剑兵　董志强　段利民　黄祖刚　冀建平
劳利萍　李　聘　廖　蓉　刘春林　刘月增　刘智勇　卢继平
罗清华　莫春柳　邵梦翔　司怀柱　唐水源　唐卫东　唐献华
童应学　王　栋　王宪丰　吴朝军　薛　庆　杨永华　于志宏
袁其兴　张苍芹　朱建儒　朱世强

1989 年入学名单

张云亮　常国强　陈豫生　崔春瀛　董纪通　樊红丽　郭朝勇
胡宝东　胡　静　胡渝全　李功俊　刘　军　刘祖剑　罗　军

马秋成　宋新民　孙秀芬　童铁桥　汪法东　吴　兵　徐　畅
许国和　阎鹏程　杨承勇　张　钟　赵风川　周　勇　段晓峰
赵捍东

1990 年入学名单

罗康明　蔡　雷　陈　玮　褚倩倩　邓　昀　甘　斌　郭爱荣
郝　群　侯　轶　焦会斌　李　敏　李燕民　寥小群　刘　佳
刘克勇　刘　琳　马　静　马　军　潘　峰　田建君　王建功
王全胜　王习贞　王新颜　王忠民　吴才利　易浩江　易瑞祥
仲　绣　周杰志　朱　靖

1991 年入学名单

刘学军　程曙光　王显峰　付小根　樊立新　孙克淋　周登陵
邓忠军　赵文祥　邓小元　吴　卓　李家圣　黄　松　阎献国
刘伟利　杨　英　吴　宁　阎令文　尹立春　高道江　徐昌贵
孟庆祥　崔　炎　王笑冬　周光辉　谈湘平　张　苇　徐咏梅
马　纳　杨　玮

1992 年入学名单

史洪刚　程　寓　白　云　操云甫　柴铁民　陈　克　单　平
冯立柱　郝晋瑞　胡玉君　花存圣　姬小忠　姜　波　姜建中
姜　明　李　冰　李鹏和　李文光　李　翔　李彦民　刘传福
路清献　罗相诚　吕北生　吕芳琼　马建波　乔　蕾　孙丽玲
王宝彦　王茂元　王　庆　王新宏　张发平　张启元　张　旭
周　岩　周忠来　朱吉象

1993 年入学名单

李跃平　安少云　蔡广新　蔡社民　邓海平　郭启全　韩学锋
黄新刚　解丽静　雷雅丽　李　波　李明东　李　燕　廖　强

刘崇都　刘克非　刘庆元　刘文杰　茅曙光　孟凡武　彭　植
孙国富　孙海波　孙新军　唐长丰　王大勇　王建昌　王　翔
席秀英　薛旭光　杨红君　杨卓越　于晓东　张冬梅　张颖石
赵建政　赵玉灿　赵振波

1994 年入学名单

安　斌　段一平　胡荣晖　胡昱娜　姬广振　金　燕　赖元清
李凤秀　周　路　李国丽　李燕华　梁胜德　刘克龙　钟学军
刘　雄　刘　煜　吕世丽　苗鸿宾　莫敬民　彭开武　郑　丹
史红周　孙革洪　孙国富　王克勇　赵　波　王　冶　王迎春
王长宝　吴叶兰　吴原晖　张　隽　许　刚　荀　烨　杨大勇
张洪群　杨中元　由国强　于晓东　张大庆
机电一体化中心：
高　赛　戚立洵　徐　军　谢庆涛　刘　鹏　王松波

1995 年入学名单

白士红　金　岗　李贵元　蔡婷婷　陈晓颖　姜　澜　焦爱泉
刘　娜　刘　胜　刘向东　罗会甫　马建峰　庞丽丽　王　颖
严　亮　杨富玉　张军亮　张晓东　彭正梁　吕丰训　慕　博
王东旭　张　强　陈渌萍　马　升　路　宁　王江波　王俊宇
夏　攀　徐平光　张革军　周曦东　符生寅　张宏伟　吴叶兰
姚九成　周建新
机电一体化中心：
卜凡训　曹桂林　宋显建
机器人研究中心：
马钰璐　汪　冀

1996 年入学名单

郝希治　吕俊林　周世伟　常向青　陈爱弟　龚卫文　郭　敏

何洪波　侯立华　侯玉成　江锡卓　李瑞平　王　锋　王国鸿
项　飞　徐宏玉　杨伟强　赵元晔　阎　艳　李银玉　石　峰
余亚夫　郝　娟　胡海燕　王燕京　詹全忠　庄文君　庞军华
陈　广　程焕武　李建军　刘德贤　刘以成　马　壮　王　琳
兰洪霞　尚建忠　王　勇

机电一体化中心：

朱　琼　左建华　邢　野　肖　广

机器人研究中心：

李　军　王　峰　张立伟

1997 年入学名单

田　勇　邢春英　赵海波　李世健　彭全琦　辛继恒　于发修
白　晶　贾志博　熊　茜　张京伟　郑敬华　方志海　傅利华
胡检文　焦　黎　刘忠和　龙震海　孙　巍　王　海　王运志
王增平　吴　琦　姚　珺　程兴旺　简中华　李明亚　刘三江
钟　斌

机器人研究中心及机电一体化中心：

范新建　龚建伟　谢　雷　张　方　陈振标　任长清　温彩宁
杨发国　张光明

1998 年入学名单

王迪华　陈亚琴　王建勋　柳回春　荆　阳　丁　磊　刘　峰
韩成名　何　明　凌志云　王晓炜　汪雪松　孙连胜　孟汉峰
那荣起　潘艳华　曹　军　刘利明　袁大伟　邹秋玲　周世圆
李飞鹏　刘文丰　成志芳　李雪利　唐兴伦　皮晓明　刘　磊
范群波　刘晓亮　张霁辰　宋如杰　张志英　柴晓燕　徐庆伟
曾兴生　杨　峰

1999 年入学名单

毕璐拯　曹　扬　陈昆明　程红亮　方进涛　高彬彬　黄　卉
贾东云　林　飞　林　景　卢晓煜　宋文林　徐承俊　张　华
朱怀朗　陈海英　黄　杰　理　华　梁启钢　刘江南　刘　明
武小鹏　徐　力　曹鹤松　陈华伟　段立东　郭志功　沈金文
赵修臣　孟凡涛　叶　勤　韩　芬　李　冰　李　辉　李金泉
吕美玉　王新永　许玉林　王庆广　谭成文　王　勇　陈　倩
董秀萍　李俊红

2000 年入学名单

专业名称：机械设计及理论
翟　峰　李　宁　刘朝勋　汪国胜　张　宇　史阿云　苏　伟
王雪芹　魏志刚　杨学苹　殷成刚　赵艳红　刘永瞻　吴洽闻
专业名称：机械制造及其自动化
薄晓军　董韶平　贾庆莲　况喜梅　李湘媛　李永贞　刘志兵
刘中生　孟君遐　温小龙　杨　健　戴　琳　雷骏雄　王晓丽
轩松涛　郑广花　周　恺

2001 年入学名单

专业名称：机械设计及理论
邓卫华　侯春敏　夏德伟　张凤格　杨晓清　孟庆功　李万军
彭　强　曹红波　孙　锟　矫庆丰　付大伟　崔来友　肖春英
吴传国　杨国梁　李　赛　王鲁峰　高　丽
专业名称：机械制造及其自动化
王永峰　蒋　放　杜春生　李晓华　李欣午　林　凡　左　昕
贾俊锋　周　贺　蔡文恩　严贵生　张利波　李　晴　王晓光
崔学军　文　涛　刘　波　巩　威　郎　平　李亚非　张旭东
袁夕君　高纪开达　宋宏梁　王成林　郦仕云　宫　琳

2002年入学名单

专业名称：机械电子工程

朱培武　安锐明　郭　东　罗　奕　张洪涛

专业名称：机械制造及其自动化

刘玉德　吴宗莲　王　磊　卢军峰　李晋珩　贾秉瑞　马魁涛
和庆娣　王春佳　陈先鹏　张　烨　丁秀华　宋月英　牟联常
王　锐　史军良　周耀华　刘　静　袁　欣　陈光明　宣　华
杜　龙　张鹏飞　白世增　秦桂云　权德香　赵文亮　霍晓强
吴　超　吴俊杰　王　颖　于晓娟　邓瑞清　胡典维　栾　松

专业名称：机械设计及理论

李海平　刘　伟　彭　智　谢殿煌　许进忠　李　强　王宗乐
殷光辉　魏　敏　金志刚　李华锋　吴丽娟　丁红军　王光泉
韩根华　宋　晗　史向荣　魏华春　熊志坚　李德龙　马玉星
闫海新

2003年入学名单

专业名称：机械制造及其自动化

彭卫平　辛　民　孙忠宪　靳勇强　李　晶　赖国强　高　进
程　平　魏乐愚　汪宇跃　张丙鹏　范海蓉　栗　勇　古　涛
倪江涛　赵　婷　窦海霞　郭宝峰　丁　懿　胡佩达　林建军
万春辉　王东奇　李　勇　郭　欣　张文杰

专业名称：机械设计及理论

邱志勇　刘　健　李国庆　赵铁帆　范雪兵　刘　龙　王秋丽
房凌晖　周学友　丛龙兴　郑　亮　王　辰　范培卿　彭富华
王空颖　肖永开　袁焕武　柳洪芬

专业名称：机械电子工程

张　志　武　媛　贾东永　苏许文　翟邦玺　陈宪战　赵增磊
林理平　赵春焕　孙宏昌　王鹏辉　刘　贞　杨　伟　霍玉倩

专业名称：测试计量技术及仪器

孙长江　王志芳　陈青华

2004 年入学名单

专业名称：测试计量技术及仪器

孙显彬　邢园丁

专业名称：机械电子工程

高婷婷　付红伟　魏　东　黄芳玲　钱增强　顾　艳　张景美
黄志明　李梅英　王豫枢　韩　涛　杨　颖　韩春光　纪长松
李俊岩　罗海胜　黄宛宁　黄宏亮

专业名称：机械制造及其自动化

袁美霞　上官景昌　石文天　何花卉　庄　严　王玉猛　丁国智
李少玲　胡　军　洪求才　马利华　杨志千　李治国　李　燕
李　磊　刘让贤　翟耕耘　阮润凌　季向远

专业名称：机械设计及理论

宋金丽　张小青　郑　娟　宋　妍　汤海燕　廉　莹　陆晓平
郑健健　冯华娟　郑君兰　韩　庆　王　璇　王　丽　周兴广
陈献平　吕洪涛

专业名称：机械工程

王蓓蕾　郭海军　郭海楠

专业名称：航空宇航制造工程

彭远鸣　刘　杰　马　斌

2005 年入学名单

专业名称：测试计量技术及仪器

卜庆红　段玉林　王　方

专业名称：机械制造及其自动化

王　磊　阴学斌　舒　恬　马　罡　郑树杰　闰尚彬　吴晓艳
郭　帅　李　丽　路志芳　焦广发　程　悦　王　鹏　苗艳才

胡　莹　张小昂　曹富龙　武树成　吴佳秖　李发均　任志涛
张正兵　李文志　温　楠　刘紫霜　王　青　刘建闽　李　海
田建朝　丁　洁

专业名称：机械电子工程

段洁琰　索阳阳　尚　妍　刘玉荣　林世龙　潘明亮　姚　灿
郭少晶　李晓青　宫彦晖　施学江　曾　斌　孙　双　温立伟
徐　斌　程晓培　赵　娜　张纬静　贺文兴　聂　辉　刘　伟

专业名称：工业工程

赵林琳　沈　卓　王　娆　侃　侃　吴　康　杨　睿

专业名称：航空宇航制造工程

李忠新　肖木峥　安志炜　李娟娟　杨　波

专业名称：机械设计及理论

杨建梅　王　颖　麻剑平　刘亚彬　谢　朋　周鹂麟　宋菲菲
薛建兴　韦红利　卢军平　张　杨　刘　薇　朱文韬

2006年入学名单

专业名称：机械制造及其自动化

张昌乾　员一泽　李　彬　刘　勇　王　锋　崔志明　李海超
贺晓洋　刘汉良　华海波　宋　坤　王志刚　孙凤举　刘　哲
李大正　王　力　李　媛　安吉鹏　冯　威　赵　磊　仵永亮
赖晓平　宋　煜　李铁成　卢聪伟　丁　涛　梁志强

专业名称：机械电子工程

汪　东　刘晓辉　齐建永　王　荣　董丰路　马士春　胡启冬
刘寿林　张巧巧　毕文强　冯　凯　计海锋　唐　倩　王安帅
张　迪　李　恒　吕明杰　任钱保

专业名称：测试计量技术及仪器

陈　尧　江海清

专业名称：航空宇航制造工程

刘光军　侯小妮　李艳艳

专业名称：工业工程

刘敏霞 张朝阳 段 俊 秦丽红 余天颖 马 雯

专业名称：机械设计及理论

曹东江 张 磊 张 赓 王朝勇 侯保江 董阳阳 曹建国 米 宽 黄传锦 刘 清 姚海艳 陈翠翠 牛 岩 张倩倩 秦艳军 刘金峰 柯丽芳 钟 军 张 良 戴礼翔

专业名称：检测技术与自动化装置

萧艳庆 纪永宏

2007 年入学名单

专业名称：机械设计及理论

张 锋 苏海新 张 彧 孙彦涛 李志涛 边 丽 蔡 勇 倪志松 袁 强 许红霞 罗锡荣 代文博 陈里根 张丰华 欧鹏程 郭晓洁 李金婷 程振宇 陈科位 孟 超

专业名称：机械制造及其自动化

温熙圆 贾进杰 闫尚亮 刘占才 马静雅 邱铁成 袁 坤 朱朝阳 王 婷 李轶群 王利君 李 刚 李 军 陆世立 陈安明 杨 旭 李少锋 刘妍妍 白玉田 贾 源 杨 乐 刘宁宁

专业名称：机械电子工程

马 龙 郑 义 刘成刚 王 珏 李政达 张明江 张 旭 胡殿可 沈志淳 陈小林 薛春来 侯华南 杨 金 李 超 武 婧 刘 飞 秦 婷 刘明松

专业名称：工业工程

林 皓 侯文龙 徐奕柳 刘悦诚 冯月姣 赵 灿 叶 波 荣志刚 贾智超 王润鸿

专业名称：航空宇航制造工程

伍 帅 曾亮华 刘智斌 祁广明 吕 捷 张 翼

专业名称：测试计量技术及仪器

王　蕾　周培云

2008年入学名单

专业名称：机械设计及理论

董　慧　李　姝　岳　勇　徐　峰　田子夜　刘亚楠　彭湘洲
黄　勋　李　剑　刘黎丽　关明亮　贾　斌　侍　磊　王　超
熊　浩　郭　振　徐泽敏　程利锋　王章波　赫志飞

专业名称：机械电子工程

刘　凯　张林松　张双双　范新安　江　海　张佳朋　刘　操
谌　昊　胡　波　王文强　张俊娜　蒋广北　潘倩倩　吕　莎
赵　炳　徐海旭　姜如意　徐长有

专业名称：工业工程

朱兰欣　李　鑫　郝　佳　张高阳　张　仕　许龙飞　日孜完古丽
薛万贵　粟　鹏　高丰功　王春雷　王　璐

专业名称：航空宇航制造工程

杜瑞兆　杨建华　韩璇璇　王小寅　苗克非　范　章　高乾鹏
王璀璨

专业名称：机械制造及其自动化

孙　敏　程鹏志　韩　飞　王　静　赵　铄　张　梅　李波锋
周家花　龙　君　夏丹锋　成　刚　李翔宇　张　军　程　浩
王　力　刘　伟　万　艳　卢军魁　殷　亮　韩　军　王　新
汪　潇

专业名称：仪器科学与技术

邓为东　康　丽　龙小虎

2009年入学名单

专业名称：机械制造及其自动化

陈　旭　李婵娟　赵　涛　周文浩　卞丙祥　陈　通　刘　婧
陈　涛　马晓伟　万　峰　王文刚　杨　晨　王天培　郭玉睿

李　涛　刘　洋　唐世龙　侯金涛　李　斌　邵灿霞　余志超
郑国龙　王　洁　王水铭　杨金鹏　秦　利　陈　敏　卜美侠
周　勇　冯　岩

专业名称：机械电子工程

鄢　勇　尚君星　袁红亮　郭　娜　于　迟　涂青松　魏林波
孔凡楠　郭清兰　李志建　晋孝龙　尹建华　郝　龙　门伯龙
孙需要　杨向臣　高春燕

专业名称：工业工程

田晓鹏　李海瑞　于　邯　冯利颖　冀阿强　杨　阳　卜　凡
董长欣　余美琼　程　曦　陈佳怡　崔向敏

专业名称：机械设计及理论

李　剑　黄曙光　江　放　魏学玉　王泽洋　杜新愿　黄志祥
宗溪溪　夏永明　王占彬　丁　宇　徐如强　赵国建　孙海刚
刘　平　姚　猛　周海亮　操　鸿

专业名称：航空宇航制造工程

李大让　唐　巍　张召娜　纪广波　王跃光

专业名称：机械工程

国　强　蔡胜国　吴建军　张月锋　张普光　刘书选　王　辉

专业名称：仪器科学与技术

肖　瑞　王　知　李　昕

2010 年入学名单

专业名称：机械工程

斯铁冬　雷　帅　张先全　吕　惠　毕　舟　陶文锦　黄建花
段丽娟　王　越　胡　伟　张　洁　王　朔　刘　鹏　刘　密
王凯斌　陈金木　史渊芳　陈晓华　高羽翯　张　刊　马明明
仝　倩　杨新龙　韩　娟　郭　军　霍春景　冷　妮　甘国栋
童　浩　宋　谦　尹其其　张　静　赵亚东　沈　殿　赵曾武
潘　勇　孙　博　陈　曦　闫伟静　赵一婧　李珊珊　贺　云

卢锦明　王孟英　李继艳　张　喜　邓明恺　张　凯　辜　鹏
胡　浪　郑　炼　张　汝　黄星海　陈晓玲　于会龙　杨　波
刘　钊　耿　琼　田　云　罗声杨　王彦明　王　磊　王德青
柴　智　毛文强　尹义林　王　鑫　徐传彩　杜晋芳　罗妮妮
黄　健　吕先法　方元奇　李德晴　李　峰　杨凯丽　董忠辉
刘　杰　夏　沙　李章锦　李　亭　杨治国　乔军奎　杨爱均
雷金凡　何　融　张　静　陈加宝　宋　乐　陈　岩　赵松辉
周志超　何大亮　周　智　贾萍萍　马世杰　孟　倩　石鹏飞
丁志伟　孟红芹　杨爱华　周　露　丁　丁　盛东良　李　波
宋　浩　赵　军　陈紫旭　徐　浪　应大伟

专业名称：航空宇航科学与技术

陈成峰　赵永飞　刘　鹏　黄小海　邱　勇　王丽君　黄立华
王士尧

2011 年入学名单

专业名称：机械工程

徐　尧　章　渝　皇甫一欣　杨汇斌　王　滨　邹绵意　王艺霖
徐　乐　吕　洋　于晓楠　李国强　介　科　李文彬　罗　翔
崔金龙　聂海棹　马正军　周　健　贾小攀　秦　黎　徐　威
周　宕　覃璐瑶　王志斌　周珅珅　任水平　李周瑜　欧欣妍
赵冉阳　马　斌　蒋忠林　黄志晨　陈珊珊　董明明　李海涛
郑　鑫　葛鹏飞　王倩男　薛天扬　李欢飞　李静雯　苗大东
邢　堃　刘　扬　马　朋　王　恺　薛　涛　杨学瑞　杨瑞生
刘夏红　秦洪洲　周子岩　李巍巍　周　洽　彭　凯　吴孔菲
乔小峰　李　萌　任爱君　聂　川　谢绪秒　王林林　李曼丽
杨华蕊　张　磊　侯昌辉　梁文姣　张功涛　韩　静　刘　培
李红赛　王军亮　陈圣泽　梁　赞　马林娜　钱　璐　王少泽
苏晓阳　刘嘉舜　朱海波　李东阁　王浩力　王　叶　刘梦岩
高　军　张　宁　孟金营　沈超群　周志超　罗　淋　唐恒鲁

韩　信　祝雅琦　袁　磊　祝自来　刘洪龙　鲁　佳　权苗苗
梁世杰　刘海洋　曾　普　康驭涛　吴明星　魏良君　任慧玲
邵甲蒙　李宝锋　李　聪　曹现东　李　岩　姚洪民　张　硕
王书浩　彭　松　孙　健　石存磊　宋宁冉　王方彪　孙传熙
赵　曜　张　岚　李　鑫　原　新　宋　岩　田　超　贺力朋
顾慧卿　张　旭

专业名称：航空宇航制造工程

龚　晶　程　旭　张　琦

专业名称：航空宇航科学与技术

边　楠　严飞龙　张　晟　梁　超　鹿启晨　骆振兴　张旭东
蒋海波　李　跃　杨　曼　曾荣兵　滕　飞　曾卫琴

2012 年入学名单

专业名称：机械工程

耿晴鹏　刘　彬　王孟超　姜青云　刘贵龙　赵　静　周杰文
杨秀江　伍　正　王巨琛　李　云　李　昊　李伟伟　王建设
王昱昊　周　佼　李　骁　潘能微　戴　维　周　严　简洪超
廖　凯　梁　倩　王晓圆　李纬宇　董明明　孙晓坤　尹振鑫
韩文立　马　良　张　涛　米召阳　李玉龙　段裕刚　孙振宁
李明瑞　刘　畅　关万俊　师晓芳　李　豪　李信良　孙昊昱
孟凡通　王贝贝　何　松　陈　讬　檀　斐　唐高强　刘　畅
王菲菲　房金阳　王安琪　樊　琼　甄　雪　刘　佳　王玉岭
孟冬梅　蒋朱龙　李　亮　戎文龙　鲍　婕　刘　捷　栾智存
罗培培　谭方浩　田和磊　王　浪　王跃彬　吴成智　吴东峰
张广鸣　司世才　宋明辉　马立杰　王　贵　金望韬　谢天礼
李　瑶　靳　鑫　刘原林　吴　倩　高　帅　刘　斌　汤钧涵
晋　磊　从鹏泉　牛　犇　刘文翠　庞　璐　裴鹏鹏　崔　佳
黎晓然　臧　强　邹志刚　卢　兵　林　祺　张纯喜　陈　星
刘笃优　黄　晔　艾思源　杜景军　冯珊珊　贾世鹏　江宇中

姜卫远　阚世奇　李晓弘　李　勇　刘　斌　刘海博　刘　茜
刘舒鹏　刘　潇　刘永俊　吕广耀　罗　苇　马志远　强　欢
阮斯洁　邵　超　沈修锋　宋　超　宋　旭　孙　硕　孙银健
汪　杰　王翠娥　王海宁　王文俊　王振波　韦　含　吴荻佳
肖大华　谢　俊　邢敏杰　熊珊珊　余璐云　张　飞　赵亮亮
赵巍巍　朱涯涯

专业名称：航空宇航科学与技术

吕　伴　吕晓鹏　许志尧　万义强　辛　鹏　徐　琢　郭　涛
杜　宪　霍东东　柯欢欢　刘亚茹　全旭松　杨　猛　于　洋

2013 年入学名单

鲍衍地　柴　震　冯　品　柯家伟　李　威　刘鹏飞　马利政
南晓辉　秦廷海　商腾义　石学海　谭旭东　田　梦　王　薇
吴宏超　项瑞乐　谢　剑　徐金宝　徐联杰　徐哲赢　严　涛
杨吉彬　杨倩倩　杨　粟　张炳银　张臣宏　张国明　张　贺
张　晴　张益川　赵梦娇　左　佩　陈中明　郭政杰　李　欣
果　艳　黄晓亚　吕亮霞　秦　峰　陈碧冲　冯　路　洪玮博
李灵光　李　庆　李宜宁　刘　洋　鲁陈立　毛林威　钱　憬
孙　鹏　王　超　王　萌　邢香园　薛思忆　薛锡国　翟德慧
张朝枭　张家骏　赵　倩　曹博然　连金岭　马　浩　马文财
汤　锐　王　欢　王明涛　徐　伟　杨　粟　康　强　谭天汉
徐东晓　朱妍妍　滕　腾　张仕骐　印明哲　崔立铭　张秀华
杨校华　刘　帅　李焕新　贺亚洲

2014 年入学名单

高　佩　郭　坤　黄思翰　李　浩　刘雨佶　柳海林　罗　琨
王　戈　邢　昊　闫嘉伟　于富洋　张凌雲　张田会　张一哲
张子健　周　瑞　关晓阳　郭少伟　何腾欢　陆　赟　马　倩
吴倩茹　谢　攀　张美霞　邹胜科　樊　凯　刘冠成　王瑞显

杨广楠　袁志涛　赵　洋　芦　勇　叶　森　刘树青　吕灵亚
么铸霖　孟　革　王天媛　谢　乾　许永达　严如玉　杨　帆
汪银风　刘　毅　平智超　李　飞　张明川　马思远　张　正
王俊峰　米　郁　马　鑫　刘劭纯　李　哲　张玉友　熊影辉
王馨玮　伍伟民　瓮　刚　王小龙　王佳鹏　吕振宇　林海立
巩　浩　鲍强伟　李二波　黄　爽　李　杨　王伟平　李　钉
陈士金　王照辉　汪喜成　陈志尧　庞炜涵　朱晨曦　吴立飞
田景华　毛海俊　樊　勇　郑明贵　张东东　王　昭　王思博
王峻青　王东前　乔　治　梁　若　李　广　白亚群

2015 年入学名单

李益民　商曦文　吴　迪　肖沙沙　杨剑雄　周咏佳　关　宇
傅　杰　王春阳　刘　扬　王业东　赵芳垒　张晓刚　杨　念
袁　雷　于　璐　胡伟超　何美琪　郭学飞　陈　成　张宗庆
徐　春　苏　磊　敬晨晨　焦思程　胡　燕　和福建　陈　彬
张　楠　刘亚东　胡军辉　成家豪　王　智　路彦辉　董楠楠
杨　波　徐　强　毛振威　曹　伟　赵　健　王晓婷　任延飞
彭根跃　张　腾　张佳琪　吴　玄　王绍涵　田海兵　任璟睿
李　鹏　成金城　叶剑辉　明　伟　吕乃静　黄晨灿　高翔宇
周登宇　张　坤　徐民东　刘玉红　蔡绍鹏　张明亮　李启明
张　瑜　王　瑛　阮本帅　潘　霖　方亚楠　陈　刚　朱隽仪
周　琴　赵　柯　吴君杰　史雪春　彭振新　聂倩倩　冷寿阳
霍石岩　黄迪青　胡　芳

2016 年入学名单

唐　圣　李　丽　陈　佩　张　茜　李　丽　王思明　高　晗
席海燕　刘晨燕　余　俊　贾良跃　刘　昱　张清雅　陈　英
陈舒婷　孙苏杭　唐旭晴　任维波　唐　悦　黄　雷　张永进
宋清扬　董鹏程　陈彩云　邴桂强　钟英祥　赵昕生　张伊凡

张善思　张琪琪　王会康　李鹏林　李鸿岐　冀　磊　施耀明
徐之劼　马小丹　梁密生　王树博　孙嘉欣　李　晨　吴　凯
王贤赞　宋　炜　刘　鹏　蔡立峰　詹如平　翟树朋　王　琦
邵　唱　黄巧盛　胡贻鑫　李天雷　李董霞　勾国斌　赵浩然
任鹏灏　吕　卓　胡　兴　郭　攀　胡跃洋　杜增辉　张佳骥
宋　岳　马兆利　何　理　杨一翀　刘志华　崔　璨　吴飞飞
苏江舟　周承华　张　路　吴高生　王　鹏　王　康　牛中轲
甘梓舜　程继超　程冠华　唐龙龙　彭泽宇　李世迪　黄　涛
胡　鑫　郭海新　杜逸飞　陈仕齐

2017 年入学名单

王康佳　周凌晨　周　涵　张维平　叶文斌　徐灵艳　王　治
王玉辉　王　婧　任杰轩　刘　壮　刘　峥　林　海　李永平
李　博　姜鹏飞　高拂日　陈　掣　谢钰铎　田梦瑶　马云龙
张雪婷　陈　西　周　佳　钟　劲　赵子今　詹盛华　姚鹏娇
杨啸东　吴天一　吴克中　卫誉尹　秦　斌　苗　田　马春峰
刘　然　李志向　李蒙招　李晨鹭　古秋盛　宫敬程　高飞农
范银冬　程　益　程明辉　程　明　陈　晖　高　昆　赵文浩
张　孟　张洪征　徐田秋　王晓敏　彭教慧　刘　彪　廖　洋
李洋洋　胡尊帆　胡嘉宁　贺照鹏　丁少兵　崔雨涵　程达达
陈家伟　曾　聪　杨亚杰　刘　妍　王宏伟　莫振冲　朱展辰
赵一锦　张棋荣　张经纬　张　恒　杨永开　肖　熙　武　颖
王晓光　王玮东　王润良　孙嘉伟　尚　可　卢　帆　李自祥
李　喆　李悦博　李晨旭　贺裕鹏　高运龙　陈凯杰

附录三：1992—2017年博士研究生入学名单

1992 年入学名单

廉小亲　高建臣　段晓峰

1993 年入学名单

邢济收　卢继平　武锐军　梁巧梅

1994 年入学名单

张　旭　李成岳　王秀芬　吴祥法　张良欣　李　冰

1995 年入学名单

高　滨　高晶敏　韩传钊　彭兴平　王　鲁　杨大勇　周　劲
周忠来　徐永凯　孙建伟

1996 年入学名单

孙建伟　王文清　袁洪芳

1997 年入学名单

阎　艳　陈爱弟　姜　澜　马　壮　任要正　刘忠和

1998 年入学名单

赵文祥　林　程　马建峰　霍亮生　王国鸿　杨卓越　焦　黎
常向青　项　飞　宁晓明　冯裕强　姚　珺　龚建伟　郝　娟

1999 年入学名单

侯立华　史长虹　解丽静　李梦群　周世园　柳回春　陈金兵
孙连胜　郝永平　张志英　李占国　荆　阳　任长青　刘晓亮

2000 年入学名单

郑　军　张恒文　赵修臣　李　辉　许玉林　范　彧　金成哲
付　铁　刘忠和　高峻峣　王晓峰　黄　杰　毕路拯　陈海英
王　坦

2001 年入学名单

唐兴伦　范　伟　王宝友　梁福军　白士红　苏治宝　李成刚
王莉娟　王　铁　张旭辉　刘启东　刘　泉　许宝杰　孙铁红
武文革　李金泉　程光耀　金　鑫　雷贺功　朱光宇　张　华
刘　佳　龙震海　熊光明　张晓钟　郑晓华

2002 年入学名单

赵　宁　杨洪君　闫献国　刘克非　张发平　向小妹　童　亮
王天祥　吕　波　王　恒　刘检华　郦仕云　王成林　陈国华
牛志刚　王红军　袁光明　李　航　宫　琳　慈建平　康运江
王好臣　樊建伟　李　铁　金　纯　谈　诚

2003 年入学名单

郑　铁　武志军　张京英　李玉贵　袁俊杰　高振清　陆　远
刘志兵　周鸿斌　刘红光　吴高阳　程朋乐　陈冬冰　雷运洪
李志香　高嵩峰　韩　刚　冯欣欣　刘文芝　郭世富　宋　学
孟凡武　唐　进

2004 年入学名单

王　莉　蒋　放　王国新　王朝霞　彭军强　付　伟　陈立新
姜　可　邱　越　万毕乐　汪　虹　王炳乾　薛　庆　杨建明
叶　鑫　朱春梅　朱文娟

2005年入学名单

仉毅　宗鸣镝　李琳　杜芳　张国智　周敏　张建成
张林　殷罡　吕冬明　徐圆飞　冯忠伟　杨天雪　陈磊
刘令涛　马超　赵自强　黄麟　熊珍琦　孟晓军　左云波
杨玥　钱钰博　赵博　肖艳秋　李晋珩　文武　顾嘉
唐东红

2006年入学名单

熊光洁　王运志　上官景昌　袁巍　王强　张少华　胡勇
肖定国　李方兴　冷惠文　黄漫玲　张运涛　李爽　林理平
武涵　陈宏伟　杨建鑫　程爱明　刘玉德　刘婧瑶　丁雷
石文天　王少红　辛民　朱杰

2007年入学名单

刘旭东　陈海洋　王新永　王强　范徐笑　左富昌　孙媛
王昊　聂学俊　李建　许寒晖　孔涛　庞志锋　张俊岩
王春生　梁志强　栗勇　邓三鹏　陈华伟　尚炜　陈涛
赵龙江　侯伟伟　高战地　高文宏

2008年入学名单

姜黎　刘冰冰　李忠新　刘钦　陆钧　张贵鑫　刘中柱
姚晓永　王立久　陈泳丹　刘韧　蒋科　贾海利　丁悦
丁红军　窦艳涛　于鹰宇　纪煦　张志贤　王聪　孙亚东
李本业　杨昊　刘秋爽　刘伟东　林奈　王伟明　闪明才

2009年入学名单

杨聪彬　张晓峰　陈建峰　刘彦臣　王丽丽　刘霜　郭祥辉
李喜朋　杨秋玲　张东好　王成　周俊杰　陈思　张军伟

王尔烈　张小青　王　飞　任　彬　赵柏萱　李京生　贾美慧
薛　楠　程剑兵　袁　雷　方泽平　吴鸿宾　袁艳萍　张开虎
史建成　郭　宏　刘学斌　王　欢　祁志生　谢　虎

2010 年入学名单

高晓东　唐永龙　邓勇军　郝　佳　侯　睿　刘　飞　蒋章雷
房巨强　郑海亮　孙　扬　闫晓亮　张　天　朱剑峰　张高阳
孟　飞　郭洪强　王洪博　李华师　李向前　范新安　熊　瑞
黄　毅　郑凯锋　管小清　韩光伟　张好强　王　红　何理论
王　涛　闫晓玲　杨　柳　李　晋　刘明春　周　维

2011 年入学名单

曹志涛　常　青　郭崇颖　韩加林　胡明辉　李宏伟　李慎旺
李　爽　刘敏霞　卢治兵　吕　宁　马利平　孟玲霞　那　奇
申俊源　史雪松　宋文涛　孙椰望　王　犇　王　鹏　王　征
夏　博　阎红娟　袁美霞　张玉言　张忠清　赵　玫　刘佳顺
叶志鹏　张婷玉

2012 年入学名单

张　帅　蔡海潮　孟欣佳　张贺达　邱忠超　李　燕　孙宏昌
苏笑星　余彦武　刘　莹　张程焱　王昊琪　董朝辉　裴家杰
明振军　余　聪　王安东　王青松　杨志猛　庄存波

2013 年入学名单

李　盼　宋国华　张体广　石学智　宋宁冉　韩伟娜　王少君
李　博　冉　朋　王国燕　李全文　杨　超　肖　振　金　鹏
陈国龙　房　燕　赵西伟　张素燕　闫正虎　刘　洋　高守锋
陈晓磊

2014年入学名单

谢　剑　王栋海　王　儒　朱延玲　孙百祎　王　骁　吕艳鹏
岳明明　衣　杰　项俊锋　解加庆　高　鹏　车江涛　鲍衍地

2015年入学名单

连金岭　王锁成　李晓杰　杜　坤　潘昌基　李柏弘　张翰明
李培禄　巩　浩　马江涛　王子夫　李建伟　刘晓华　籍永建
董晓彬　于　谦　郄龙飞

2016年入学名单

李　伊　廉睿超　黄思翰　吴倩茹　陆　赟　许晨阳　柳海林
洪　泉　陈孝喆　黄　骥　宋剑峰　郭灿志　赵瑛峰　张志强
张飞凯　葛　艳　郭　欢　钱佳慧　张秋爽　孙伟琛　许汝真
王银惠　关　宇

2017年入学名单

孙嘉欣　原永玖　王志鹏　王飞飞　费炜杰　吕乃静　梁密生
李鸿岐　李　晨　陈仕齐　吴　龙　阮本帅　马朋志　马君达
桑育鑫　郭鹏跃　邵　楠　朱妍妍　郑中鹏　张　敏　王玉彬
王　瑛